魔女街道の旅

Eine Reise auf der Hexenstraße

西村佑子

山と溪谷社

魔女街道の旅をはじめる前に

ドイツの魔女に心惹かれ、その跡をたどって数十年、私はこの魔女をめぐる行程を「魔女街道」と名付けました。魔女の歴史についてはたくさんの資料がありますが、文字の世界だけでは魔女の正体がつかめないというもどかしさが強くなり、実際に自分の目で確かめてみたいと思いました。

魔女迫害の現場がいまはどうなっているのか、魔女伝説が生まれた地はどんなところなのか……知れば知るほど訪れたい場所が増えていきました。加えて、魔女とは直接の関係はないけれど、表の歴史に隠された裏歴史のあれこれもたどると面白くなりました。これらは「ちょっと寄り道」として紹介しています。それらをひっくるめたものが私の魔女街道です。

3

魔女街道の旅をはじめる前に

＊

あるとき、口の悪い友人から、笑いながらですが、「魔女を探しにわざわざドイツまで行くことないじゃありませんか。鏡をみたらどうですか」と言われたことがありました。ウーン、私は魔女か。そんなことはありません。私はホラー映画に出てくる魔女ほど恐ろしくはないし、「美魔女」というほど美しくありません。神秘的なパワーがあるわけでもないし、妖しい集会に参加したこともありません。ましてや先祖が魔女だったと聞いた覚えもありません。

それなのに、なぜ魔女なのか、なぜドイツなのか。皆さんと魔女街道を歩く前に、私がドイツの魔女に興味を持ったきっかけについてお伝えしておきたいと思います。

＊

私が子どもだった頃、代表的な魔女と言えばグリム童話の「ヘンゼルとグレーテル」に出てくる魔女でした。私は魔女の作るお菓子の家に心を奪われましたが、同時に、子ども心になんとなくあの魔女を可哀想だなあと思ったのです。子どもを殺して食べるといわれ恐れられていた魔女は、ヘンゼルを監禁こそしましたが、実際に食べるなどという恐ろしい場面は出てきません。それなのに、最後はパン焼き窯で焼かれて死んでしまい、財産をすべて奪われてしまうという結末に、どうしても納得がいかなかったのです。

その思いはいつしか忘れていきましたが、大人になってヨーロッパにおける魔女迫害の歴史を学ぶにつれ、童話、特にグリム童話の魔女との結びつきについて考えるようになりました。

また、こんなこともありました。あるとき、私は知り合いのドイツ人から魔女人形をプレゼントされました。それはホウキにまたがった眼鏡をかけた優しい顔のおばあさん人形でした。彼の奥さんの実家が、ハルツ山地（ドイツ中部の山岳地帯）で土産物の魔女人形を作っているということでした。そのとき、魔女と悪魔がブロッケン山で宴を催す「ヴァルプルギスの夜」というイベントが、毎年四月三十日の夜、ハルツ山地のあちこちで開催されることを教えてもらいました。ヴァルプルギスの夜についてはゲーテの『ファウスト』に出てくるので知識としては知っていましたが、本の世界の話だと思っていたので、びっくりしました。その後、東西ドイツが統一し、ブロッケン山を含むハルツ山地のほとんどに行けるようになったときには、真っ先にこのイベントを見に出かけました。童話や小説、伝説や歴史でしか知らなかった魔女にまつわるイベントが実際に開催されていると知ったことや、各地に伝わる様々な魔女伝説に触れたことも、ドイツの魔女にさらに興味をもつきっかけとなりました。

＊

このようないくつかの出会いを通して、私はドイツの魔女にはまっていきました。魔女は世界中にいます。そして国や時代によってその正体は様々です。イギリス、スペイン、イタリア、ロシアなどの魔女についても知りたいと思いました。でも、たとえばイギリスの魔女について知ろうとしたら、ケルトの歴史にまでさかのぼって勉強しなくてはなりません。イギリスの歴史についても、改めて魔女という視点から勉強しなければなりません。それは私の能力を越えます。ドイツだけで手いっぱいです。というわけで、だったらできる限りドイツの魔女にかかわっていこうと思ったのです。

＊

私は車の運転はできません。頼るのは公共の交通機関、あとはひたすら歩くだけの旅です。車を使えば、時間も目的地もはるかに効率のよい旅ができるでしょう。でも、行ってみたいところがあれば、それぞれのやり方で行けばいいのです。最近ではスマホを使えば目的地まで迷うことなく行きつけるようです。

＊

魔女とはいったい何だったのか、考え考え、その跡をたどって歩いた道「魔女街道」を一緒に歩いてみませんか。では、出発しましょう。

魔女街道の旅　目次

Hexenstraße

魔女街道の地図

本書で旅する
町の名前を入れました。
いつか皆さまも魔女街道の旅へ
出かけてみてください。

西部

ノルトライン＝ヴェストファーレン州

⑯ ケルン
⑰ レムゴ
⑱ エクステルンシュタイネ
⑲ オーデンタール

ヘッセン州

⑳ ゲルンハオゼン
㉑ フルダ
㉒ マールブルク
㉓ エッシュヴェーゲ
㉔ ガイスマル

北部

ハンブルク州

① ハンブルク

シュレースヴィヒ＝ホルシュタイン州

② リューベック

ニーダーザクセン州

③ ヒルデスハイム
④ ゴスラー

南部

バイエルン州

㉕ ローテンブルク・オプ・デア・タオバー
㉖ ヴュルツブルク
㉗ バンベルク
㉘ アイヒシュテット
㉙ ネルドリンゲン
㉚ アウクスブルク
㉛ ケンプテン
㉜ イプホーフェン
㉝ フュッセン
㉞ ハイデンハイム・ミッテルフランケン
㉟ プラネッグ
㊱ ヴォンドレプ

バーデン＝ヴュルテンベルク州

㊲ バート・メルゲントハイム

東部

ベルリン州

⑤ ベルリン

ザクセン＝アンハルト州

⑥ ヴェアニゲローデ
⑦ クヴェードリンブルク
⑧ シールケ
⑨ エーレント
⑩ イルゼンブルク
⑪ ターレ
⑫ ヘクセンタンツプラッツ

チューリンゲン州

⑬ ゼッテルシュテット
⑭ アイゼナーハ

ブランデンブルク州

⑮ ゼムリン

Deutschland
ドイツ
N
W
E
S
シュレースヴィヒ＝
ホルシュタイン州
ハンブルク州
ニーダーザクセン州
ベルリン州
ザクセン＝
アンハルト州
ブランデンブルク州
ノルトライン＝
ヴェストファーレン州
ブロッケン山
ハルツ山地
ヘッセン州
チューリンゲン州
バーデン＝
ヴュルテンベルク州
バイエルン州
①
②
③
④
⑤
⑥
⑦
⑧
⑨
⑩
⑪
⑫
⑬
⑭
⑮
⑯
⑰
⑱
⑲
⑳
㉑
㉒
㉓
㉔
㉕
㉖
㉗
㉘
㉙
㉚
㉛
㉜
㉝
㉞
㉟
㊱
㊲

装丁画・挿絵＝山口洋佑
装丁＝宮本麻耶　柴田裕介　岩崎紀子（ケルン）

第1章

迫害された魔女たちの歴史をたどる

裁判で魔女にされた人々の運命

中世の名残をとどめるドイツロマンティック街道は人気の高い観光街道です。なかでもローテンブルク・オプ・デア・タオバー（Rothenburg ob der Tauber）は見どころのたくさんある有名な町です。この町でどの程度時間を使うか悩むところですが、中世犯罪博物館はぜひ訪れてほしいです。拷問道具の展示ではドイツ一です。身の毛もよだつ釘だらけの「とげのある椅子」や内側にびっしり鉄の針が仕込まれた空洞状の人型「鉄の処女」など、恐ろしい拷問道具があります。また、魔女迫害を考える上で絶対に見逃せないものがいくつも展示されています。そのなかでもっとも重要なものが、魔女裁判のマニュアル本と言われた『魔女への鉄槌』という本です。

*

ヨーロッパでキリスト教が受容されるにつれ、ローマ・カトリック教会の教えに反する信徒も増えていきました。そこで、カトリック教会は、正統な教義に反する信者たちを「異端審問」という制度を作って排除しました。一四八四年にローマ教皇インノケンティウス八世は教書を発表します。その教書には、かいつまんで言うとこんなことが書かれていました。

「疫病の流行、農作物の不作、不妊や不能はカトリックの信仰を忘れたために起こったことである。だから異端審問に精出して、そういう不信心者を排除しなければならない。それなのにドイツの審問官はたるんどる」

＊

この不信心者こそが、悪魔と結託して神に背いた魔女ということになるのです。この教書で、ドイツは名指しで批判されました。そこでドイツ人のドミニコ会士で異端審問官だったハインリヒ・クラーマーは、魔女の定義、魔女裁判のやり方、処刑の方法など事細かに説いた本を出版します。これが『魔女への鉄槌』(初版一四八七)です。ちょうどヨハネス・グーテンベルクの活版印刷術が普及しはじめた時期でした。印刷術の発明はヨーロッパに大きな情報革命をもたらしました。マルティン・ルターによるドイツ語訳聖書のようなものだけでなく、どこぞでこんなおかしなことがあったとか、どこぞの村では頭の二つある牛が生まれたといった、いわゆる情報紙も刷られました。いまのネットと同じで、フェイクだろうと何だろうと人々はそうした奇異なニュースに飛びついたのです。

『魔女への鉄槌』はラテン語で書かれていましたが、ヨーロッパ各国で翻訳され、版を重ねました。これが魔女裁判の絶好のマニュアル本になったのです。魔女を裁けと言われて困っていた審問官がこぞって読んだものと思われます。

＊

ハインリヒ・クラーマー著
『魔女への鉄槌』
(Malleus Maleficarum)
1520年版

異端審問はカトリックの正統な教義に反する者を裁くために教会によって行われたものでしたが、やがて世俗の裁判所が信仰とは関係のない一般人を魔女として裁くようになりました。これが本当の「魔女裁判」のはじまりです。

一度でも魔女の嫌疑がかかったら終わりです。想像もできないような恐ろしい拷問にかけられた挙句、ほとんどの人が自分は魔女だと自白することになりました。私など、拷問道具をちらつかされただけですぐに自白してしまいそうです。そうしたら火あぶりか絞首刑です。こうして命を奪われた多くの「魔女たち」がいました。

*

ドイツには「カロリーナ法典」（一五三二）という神聖ローマ帝国皇帝カール五世により公布された帝国刑事法典がありました。この法典は、十八世紀末に新しい帝国刑事法についての思想が登場するまでは重要な刑事法でした。これは「魔術や魔女行為」にも適用されました。

たとえば、有罪判決を出すには「自白または証人による証明（あるいは証言）」がなければならないし、違法な拷問による自白は、有罪の証拠にはならないとあります。しかし、自白させるために拷問するぞと威嚇してもいいし、自白が裏付けられなかったら拷問してもよいというのです。また、魔女の犯罪は証明困難なので、「例外犯罪」として、本来は三回という制限のあった拷問も無制限にできるといっています。

魔術について尋問する場合、誰と、どのように、いつ行ったか、あるいは誰から習ったかが厳しく追及されました。これは明らかに密告の勧めです。答えられなければ拷問してもいいということです。その結果、あたりかまわず知っている人の名前が挙げられ、芋づる式に魔女が作られていったのです。また、魔術が他人に損失を与えたら死刑、それも火刑に処してもいいという条文もあります。

こうして、異教徒や不信心者に限らず、司教、金持ち、学者、アウトロー、少数民族、呪術師、偏屈者、子どもなど、階層や年齢、性別に関係なく、多くの人が法の下に殺されたのです。

法制史におけるカロリーナ法典の重要性について理解するのは、法学に疎い私には難しいことですが、こうして魔術、あるいは魔女行為についての条文をいくつか読んでみると、魔女迫害は中世の時代に行われたのではなく、近代に入るとば口、つまり、十六世紀から十七世紀にかけて行われた「法治国家」の裁判によるものだったのだと思いました。

*

魔女の正体は時代や国によって様々ですが、ヨーロッパにおける魔女狩り時代の魔女は、時の権力によって作り出されたスケープゴート、つまり身代わりだったというのが一般的な見解です。近代になって啓蒙主義が出てくると、魔女は妄想の産物だったという見方が大勢を占めるようになり、魔女裁判は急速に消えていきます。それでも「魔女狩り」という言葉は忘れ去られることなく、現代においても、何かあると「それは魔女狩りだ」といったふうに使われています。

ミレニアムの二〇〇〇年三月、法王ヨハネス・パウロ二世は教会が犯した過去の過ちについて文書を発表し、バチカンのサン・ピエトロ寺院で贖罪ミサを行いました。先住民族を強制的に改宗させたこと、異端審問を行ったこと、女性や少数民族や他宗教の人々の人権を軽視したことなどについて、神に許しを求めて祈りました。

私はこのニュースを見て、そうか、教会は自分たちの罪を認めたのかと思いましたが、実際はそうでもなさそうです。このような罪を犯したのは教会の子、つまり信徒であって、神はあくまでも無謬であるという立場は崩していないのです。

魔女狩りの激しかった町

十六世紀から十七世紀にかけて、魔女狩りの嵐がドイツ全土を吹き荒れました。町の広場には薪の山が築かれ、見物人が集まるなかで火刑が行なわれました。町外れの処刑場には魔女を吊した柱がいくつも立っていて、まるで小さな森のようだったという記録も残されています。魔女裁判で犠牲になった魔女は、ドイツだけで六万人から十万人を超えたと推測している歴史家もいます。

ドイツの歴史をひもとけば、すねに傷のない町は少ないでしょう。ですから、不名誉にも、この章で選ばれた町だけが魔女狩りの激しかったところというわけではありませんが、そのいくつかを訪れてみましょう。

■ロマンティック街道起点の町――ヴュルツブルク（Würzburg）

全長三五〇キロメートルに及ぶロマンティック街道には、カトリックの結晶である豪華な教会や建造物が見られます。まさにカトリック文化の華街道と言えるでしょう。この街道の起点となるのがマイン河畔の町ヴュルツブルク（バイエルン州）です。第二次世界大戦で町の九十パーセントが破壊されましたが、いまは昔の姿を取り戻しており、旧市街には観光名所がたくさんあります。

たとえば、司教領主（司教にして領主）の宮殿として十八世紀に建てられたバロック様式のレジデンツ。紀元前からケルト人やゲルマン人の砦であり聖地だったマリーエンブルク要塞。そこには、七世紀にアイルランドからやってきた宣教師キリアンの布教によって建てられたキリスト教会や、彫刻家ティルマン・リーメンシュナイダー（一四六〇頃—一五三一）の作品を集めたマイン・フランケン博物館があります。彼の彫刻は、ロマンティック街道の多くの教会だけでなく、ドイツの美術館でもたくさん見られます。いずれも傑作ばかりです。

リーメンシュナイダーはヴュルツブルクの市長にもなりました。しかし、農民一揆から発展した農民戦争（一五二四—一五二五）のとき、彼は領主に反抗し農民の側に立ちますが、敗れて捕らえられ、大切な利き腕を折られてしまいます。失意のうちにこの地を去りますが、晩年に戻ってきてこの町で亡くなります。墓はノイミュンスター寺院（キリアン大聖堂）の北側の壁にあります。また、寺院の中庭には中世の有名な歌人ヴァルター・フォン・デア・フォーゲルヴァイデ（一一七〇頃—一二三〇頃）の墓もあります。

日本とゆかりの深い医師シーボルト（一七九六—一八六六）は、この町の生まれです。シーボルト博物館や大学付属植物園のシーボルトコーナーも訪れてみたいところです。また、ノーベル物理学賞を受賞したヴィルヘルム・コンラート・レントゲン（一八四五—一九二三）がX線を発明したのは、ヴュルツブルク大学でのことでした。大学内にレントゲン記念室があり、無料で自由に入れます。

＊

見どころはまだまだあります。疲れたら、名物フランケンワインを飲むのもいいですね。春先なら旬のホワイトアスパラガスもお勧めです。気分上々で次の町を目指せます。

エッ、魔女街道はどうなったのかって？　そうでした。ヴュルツブルクはロマンティック街道の一番バッターとしていい仕事をしているので、魔女迫害の話をするのは少しばかり気が引けました。ヴュルツブルクに留学して、すっかりこの町のファンになった友人に魔女迫害の話をしたところ、彼は「そんなことがあったなんて考えてもみなかった」と大変なショックを受けていました。彼には気の毒なことですが、ヴュルツブルクに恐ろしい魔女狩りの歴史があったのは事実なのです。

＊

十六世紀にドイツ人の神学者マルティン・ルター（一四八三―一五四六）がカトリック教会のあり方、とくに贖宥状（金銭の多寡で、償う罪の軽重が決まる）販売を批判したことから、宗教改革がはじまります。新しい宗派プロテスタントが生まれ、ドイツ全土に広がっていきました。そこでカトリックは巻き返しをはかって反宗教改革を起こし、ドイツは大混乱に陥ります。カトリックとプロテスタントの覇権争い、そして世俗の権力闘争に庶民の欲得も加わりました。彼らは不都合な相手を陥れるために敵を魔女だと告発し、排除していきました。

十七世紀の中頃、ヴュルツブルクにフィリップ・アドルフ・フォン・エーレンベルクという司教領主がいました。彼はイエズス会（一五三四年に創設されたカトリック男子修道会）と組んで、在位中に九〇〇人の魔女を火刑にしました。ある年などは二十九回にわたって総計一五七人を処刑したという記録があります。当時の魔女裁判の記録をほんの一部だけ挙げます。

第十九回　処刑六人

ローテンハイム出身の貴族の息子が六時に市庁舎の中庭で処刑され、その体は翌日に焼かれた。書記官シェルハーの妻。もう一人の女性。一〇歳の少年。十二歳の少年。ブリュークラーなるパン屋の妻は生きながらに焼かれた。

第二十三回　処刑九人

上級学校に通っていたダーフィト・クロトの息子、十二歳。領主司祭の料理人の二人の幼い息子、学童、上は十四歳、下は十二歳。ハッハの小教区司祭メルヒオール・ハメルマン。新大聖堂の司教座聖堂参事会員ニコデムス・ヒルシュ。新大聖堂の司教代理クリストファー・ベルガー。神学生。

注、ブレムバッハ宮廷の役人とある神学生が生きながらに焼かれた。

〈ヴュルツブルク魔女裁判記録（『悪魔学大全』ロッセル・ホープ・ロビンズ著　松田和也訳　青土社より）〉

このように無差別に処刑されたとも見える犠牲者の一覧表が残っています。なかにはなんと、この領主の親戚筋の若者の名前もありました。彼は年上の女性に夢中になり、学業を放棄し、飲酒と遊びに狂いだしたということで告発され、その結果、サバト（黒ミサ）に参加したと自供したことで処刑されることになりました。領主自ら処刑命令にゴーサインを出したそうです。

その後、領主は良心の呵責にさいなまれ、犠牲者のための礼拝を行う法令を作りました。だからといって、それが何の救いになるでしょう。当時、このような魔女裁判がドイツの多くの町で行われたのです。

■魔女を収監した「魔女の家」を探す ——— バンベルク（Bamberg）

私は子どもの頃、騎士というのは甲冑に身を包んだ勇敢な戦士だと思っていました。ところが、何かの本で「バンベルクの騎士」とキャプションのつけられた写真を見て、あまりにイメージと違うのでびっくりしました。その騎士は、これで戦えるのかと思うほど優しそうな姿でした。しかも、それが理想の騎士だと書いてあったので、「エッ、どうして」と二度びっくりしました。

中世ヨーロッパの騎士はキリスト教と深く結びついています。騎士は教会によって神の戦士として叙任されるのです。ですから、ゲルマン時代の好戦的な気風は好まれません。勇猛果敢なだけが騎士の条件ではないのです。

彼らには筋金入りの深い宗教心が必要でした。何より神に仕え、主君に忠誠を誓い、おのれの名誉にかけて誠実でなければなりません。人としての優雅さも欠かせない要素です。それが理想の騎士でした。

バンベルクというのは騎士の名前ではなく、バイエルン州にある古い町の名前です。この騎士像は、この町の大聖堂の柱に取りつけられています。製作者は不明ですが、一二三五年頃の作とされています。彼は縮れた長髪で顔は細面、裾の長い服を着て、サンダルのようなものを履いています。手綱を手にした馬上の彼は夢を見ているかのように遠くを見つめています。その姿はいかにも品がよく、馬の乗り方さえ優雅です。

＊

さて、話はこの理想の騎士像が作られてほぼ四〇〇年後になります。

一六二三年、ひどく長い名前の司教がこの町の司教領主の任につきました。ヨーハン・ゲオルク二世フックス・フォン・ドルンハイムです。彼はヴュルツブルクで魔女狩りに勢力を注いだ司教領主エーレンベルクの従兄弟でした。ドルンハイムもまた十年にわたる任期中に、千人に及ぶ被疑者を魔女として処刑し、魔女司教と呼ばれました。

魔女の嫌疑で逮捕された人々は「魔女の家（ドゥルーデンハウス）」に収監されました。ドゥルーデンとは南ドイツの方言で魔女のことです。

被疑者は裁判を受けるまでの間や、時には拷問を受けるために、たいていは市壁（あるいは城壁）の防御塔（あるいは監視塔）に収監されました。中世ヨーロッパでは町を外敵から守るために市壁で囲んでいたので、その防御塔を監獄の代わりにしたのです。これが後に「魔女の塔（ヘクセントゥルム）」と呼ばれるようになりました。しかし、バンベルクでは多くの被疑者を収容するため、わざわざ収監用の家を建てて「魔女の家」と名付けたのです。

「魔女の家」の見取り図（上）と「魔女の家」に収容された女性（下）
ともにP.Haining『Hexen』より

その「魔女の家」の見取り図が残っています。それによると、狭い独房が十八室あり、見張り番や裁判官の部屋もあり、常時満室だったそうです。そのなかの一人でしょう、捕えられた「魔女」の絵も残っています。彼女は農婦のなりをした中年の女性で、両手両足は鎖で縛られ、格子窓を背に椅子に座っています。裁判すなわち拷問を受けることは知っていたでしょうに、彼女は毅然として顔を上げています。その姿は実に印象的です。

この絵の女性かどうかはわかりませんが、一六二九年にアンナ・ハンゼンという女性が魔女の容疑で逮捕されました。彼女は自供を拒否したために様々な拷問にかけられ、その結果、三日後に魔女だったと自白し、半月後に斬首の上、火刑にされました。

先に「カロリーナ法典」について紹介しましたが、拷問は一つの容疑に一回だけという規則がありました。しかし、これはなんとも姑息な規則で、一回の拷問で自供させられなかったときは、審問延長ということで一回目の拷問を続けることができるのだそうです。そして拷問には書くもおぞましい道具が次々と使われました。

こうした非道なやり方にはさすがに非難の声が上がりはじめます。妻を殺された顧問官が皇帝に直訴したこともあって、その後、バンベルクの魔女裁判で処刑される人はいなくなりました。そして一六三二年、長い名前の司教領主はこの世を去りました。ヴュルツブルクの彼の従兄弟はその前年に亡くなっています。

＊

ある資料にこの「魔女の家」の住所が載っていたので、探してみることにしました。旧市庁舎を過ぎて繁華街に向かうゆるい坂道を上ると、土産物屋の並ぶ一角に出ます。そのそばのヘラー横丁は三十メートルあるかないかの短い通りで、袋小路になっています。このどこかに魔女の家があるはずです。

ちょうど犬を連れた年配の男性が歩いてきたので、私は勇気を出して尋ねました。きっとびっくりするだろうなと予想したとおり、彼は怪訝そうな顔つきで私を見つめ、「なんだって、魔女の家だって？　悪いけどまったく知らんね」と答えたのでした。魔女の家の住所や見取り図まで残っているのに、表示板一つないというのは、信じられないことでした。

＊

二十世紀後半から、ドイツでは魔女迫害の暗い歴史に真剣に向き合おうとする運動が起こりはじめていました。その一つでしょうか、二〇一二年、たまたまバンベルク市の公式サイトを見ていたら、「夜の魔女ツアー開催」の知らせが載っていました。都合よくその頃ドイツへ行く予定だったので、申し込みました。

ガイドは市の職員で、夜の九時から約二時間、魔女迫害の跡地を案内するというものでした。参加者は十名ほどでした。市内を何ヶ所か歩くのですが、それらの場所は説明がなければ、立ち寄っただけではそれとわからないところばかりでした。ツアーの最後は例の「魔女の家」です。私が十二年前に探した「魔女の家」があったと思われる場所は、薬局になっていました。私はガイドさんに、魔女迫害の歴史を示す表示板あるいは慰霊の碑などはないのでしょうかと尋ねました。ドイツにはそのような碑を建てている町がとても多いからです。ガイドさんは「僕もそう思いますが、なかなか……」(私のドイツ語力で聞き取れたのはここまでです)と申し訳なさそうに答えてくれました。

ところがその年の夏のこと、バンベルクの市議会や市民団体、教会などが、魔女迫害の犠牲者のための慰霊の碑を建立することに決めたという情報を得ました。魔女ツアーの開催はその先ぶれだったのでしょうか。二〇一五年に市庁舎のそばに慰霊碑ができたのです。ガイドの青年も一役買ったのでしょう。

ついに見つけた「魔女小路」――アイヒシュテット（Eichstätt）

アイヒシュテット（バイエルン州）も、魔女を迫害した歴史を持つ町です。一五八二年から一七二三年までに二五〇名を超える魔女が死刑の判決を受けたということです。その性別の内訳は、女性が八十八パーセント、男性が十二パーセントだったそうです。十九世紀初めに当時の裁判記録が公開されました。その一部を引用してみます。

問　一か月および一年に被告は何度くらい空を飛びましたか。それは何ゆえに、また何の目的ですか。
答　一か月に二回、一年に二十四回でございます。夫が目覚めて邪魔しないように、悪魔が粉を振りかけますので、悪魔は私とどこでも望むところで番うことができます。台所でも寝室でも広間でも、屋根裏でも。悪魔は特に飛行に用いるため私に三叉を与え、それに何らかの魔法の軟膏を塗ります。

〈アイヒシュテット魔女裁判記録（既出『悪魔学大全』より）〉

この女性被告人は拷問を受けながらの約一ヶ月にわたる尋問で、四十五人の共犯者の名を挙げ、神を冒涜した行為、天気を左右した行為、子どもの墓を暴いた行為、酒蔵に侵入した行為などを自供し、処刑されました。記録の最後には「被告人、悔い改めて死ぬ」とあります。

＊

アイヒシュテットはミュンヘンから電車で約一時間四十五分。駅名がややこしいのですが、アイヒシュテットバーンホフ駅で乗り換え、三駅目の終点アイヒシュテットシュタット駅で下車。そこからアイヒシュテットの町に入ります。

駅前に町の地図を示す案内板があります。私は初めてこの町を訪れたとき、この案内板に「魔女小路（ヘクセンガッセ）」という通りの名前を発見してびっくりしました。いったいどのような通りなのだろうと探しましたが、見つかりませんでした。「看板だけだったのかなあ、そうだろうな、誰かに住所を聞かれて、魔女小路○番地ですなんて答えるのは抵抗あるかも」とあきらめかけたのですが、どうしても気になって、二年後に再びこの町を訪れました。そしてついに見つけました。マルクト広場の裏手に入り組んだ路地がいくつかあり、その一つがそうでした。

小路の入口にはちゃんと「ヘクセンガッセ（Hexengasse）」と表示板がありました。幅一メートルほど、長さも五メートルほどの細い路地で、両側は建物の汚れた裏壁です。その壁にそってゴミ用のポリバケツがいくつも並んでいて、まるでゴミ置き場用の路地のようです。命名の由来などわかるわけはありませんが、ひょっとしたら裁判所に引っ立てられた魔女の通り道だったのではないか、などと想像しました。いつか市の観光局を訪ねて聞いてみようと思っています。それにしてもいまは便利になったもので、グーグルマップで調べるとちゃんとヘクセンガッセが出てきます。見ただけでは、どんな小路かまではわかりませんが。

*

駅のそばを流れるアルトミューレ川を渡ると町中です。その川岸には「パン屋洗礼籠（Bäckertaufe）」という処刑道具が吊るされています。犯罪者をこの籠に入れて川に沈め、あわやというときにふたたび引き上げ、それを繰り返します。これは魔女用ではなく、とくに重さをごまかしたり、悪い材料を使ったパン屋や、野菜や肉を盗んだ窃盗犯のための処罰道具だったそうです。この籠はドイツにある大小さまざまな博物館に、よく展示されています。メルヘン街道のシュタイナオという町では、アイヒシュテットと同じようにこの籠が川辺に吊るされています。ドイツではそれほど珍しい処罰道具ではなかったのでしょう。

「魔女市長の家」を訪ねて

北ドイツのビーレフェルト市（ノルトライン＝ヴェストファーレン州）の近くにレムゴ（Lemgo）という町があります。一六六七年にこの町の市長になったヘルマン・コートマン（一六二九―一六八三）は十六年の在職中、ひたすら魔女狩りに奔走したので「魔女市長」と呼ばれました。十六世紀中頃から十七世紀後半までに、この町では二七二人の人々が魔女として処刑されました。

＊

レムゴの駅前を右に折れて小さな川を渡ると、ブライテシュトラーセという広い通りに出ます。そこから市内に入るのですが、そのとば口にルネサンス様式の豪華な家があります。階段式ファサードの両側や二階部分に施された装飾とその彩色の美しさには、ただただ感嘆するばかりです。それが魔女市長コートマンの住んでいた家です。

イオニア式の柱が目立つ玄関の扉は、私が訪れたときは開館時間なのにどういうわけか鍵がかかっていて、ドアに「ノックしてください」という張り紙がありました。ノックすると静かにドアが開いて人が現れ、「まず上階から見てください」と言われました。そこで二階の部屋に入ると、いろいろな種類のパジャマが展示されていました。

魔女市長の家だと思っていたのにパジャマがいっぱい並んでいたのですから、びっくりしました。他の部屋を見て回っても、古い時代の台所や居間など、一般的な市民の住まいが再現されているだけです。

実はこの魔女市長の家は、レムゴの郷土博物館だったのです。レムゴが十三世紀末にはハンザ同盟に属していて、繊維、とくに亜麻の製品で繁盛した町だとわかれば、パジャマもなるほどと納得がいきます。

郷土博物館ですから、この町の著名人である医師エンゲルベルト・ケンプファー（一六五一―一七一六）の部屋も用意されています。彼は一六九〇年にオランダの日本商館付き医師として長崎にやってきました。二年間日本に滞在し、その際の経験を『日本誌』という本にまとめ、当時の日本を紹介しました。この本はケンペルの著者名で邦訳されています。

では、いったいどこが「魔女市長の家」なのかというと、地下室に降りるとわかります。それほど広い部屋ではありませんが、魔女狩りの年表、当時の町の絵、それに拷問道具が展示されています。鉄製のテコのようなもので指を完全につぶす「親指締め」やすねの骨を折る「スペインの長靴」のような見た目は地味ですが、絶大な効果があったであろう拷問道具が並びます。市長の肖像画があるかと期待していたのですが、見つけることはできませんでした。この魔女市長の家は二〇〇七年に改修工事をしたよ

スペンの長靴
靴を締めることで内側の刺がすねを突き刺し、最後には骨が折れる。

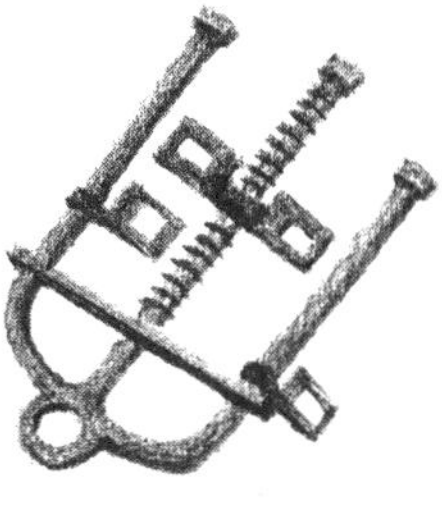

親指締め
親指だけでなく他の指も潰すことができる。

うです。展示内容に変更があるかもしれないので、そのうちまた訪れてみようかと思っています。

＊

レムゴの人はこの町のニコライ教会を「似ていない兄弟」と呼んでいます。この教会には二本の尖塔があるのですが、まったく違った形をしているからです。一つは円錐形のとがった細い塔で、もう一つは先端が丸みを帯びた玉ねぎのような形をしています。一六六六年、この教会の牧師だったアンドレアス・コッホが魔女として処刑されました。彼の罪は魔女の踊りに参加したということですが、本当は町で行なわれていた魔女迫害に非を唱えたからでした。魔女市長とコッホ、二人は同じ町で同じ時代を生きながら、まったく違う生き方をしました。彼らはまったく「似ていない兄弟」だったのです。

レムゴにおける最後の魔女裁判は、一六八一年に行われたマリア・ランペルダール（一六四五頃―一七〇五）という女性に対するものでした。彼女はいわゆる魔女術の容疑で裁判にかけられ、拷問を繰り返し受けましたが、なんとか生きのびてファーレル（ニーダーザクセン州）の町で亡くなりました。一九九二年、レムゴ市議会は彼女の名誉回復を決議し、慰霊の碑を建てました。

ニコライ教会のそばにあるその碑には、マリア・ランペルダールの言葉でしょうか、「私は一歩も譲るつもりはない」と書かれています。

魔女の十字架

バート・メルゲントハイム（Bad Mergentheim／バーデン＝ヴュルテンベルク州）は「ドイツ騎士団城」で有名な町で、ロマンティック街道沿いにあります。ドイツ騎士団は、聖地を巡礼するキリスト教徒を保護する目的で十字軍遠征時代に創設された軍事団体です。その本拠地がこの町にありました。

しかし、私がこれから行こうとしているのはこの騎士団城ではなく、近郊のアルカオベルクという山です。そこには「主の十字架（ヘレンクロイツ）」という十字架があって、昔は「魔女の十字架（ヘクセンクロイツ）」と呼ばれていたという記事をドイツの雑誌で読み、是が非でも行ってみようと思ったのです。

雑誌に載った小さな写真だけが頼りだったので、駅前からタクシーに乗りました。運転手さんは知らなかったようで無線で何やら尋ねていましたが、「オーケー」と言って乗せてくれました。「タンツカフェ・ヘクセンクロイツ」という立派な建物の前を通り過ぎて、さらに坂道を走り、大きな通りに出ると、バス停がありました。標識は「ヘクセンクロイツ（Hexenkreuz）」でした。その脇道をさらに入っていったところに、アルカオベルク山への登山口がありました。

運転手さんは「この山のどこかにヘクセンクロイツがありますよ」と言います。いくら私でも不安を隠せず、「どこかってどこですか。山の中まで入っていくのですか。どのくらい深い山なのですか」と尋ねますが、彼は「大丈夫、三十分したらまたここに来ますから」というのです。

三十分もあればなんとかなるだろうと山の中に入ると、なんと五分もしないところに「主の十字架」はひっそりと立っていました。高さ二メートル以上はある木の

Im Kreuz ist Heil!
Wirf deine Sorgen auf den Herrn

十字架です。キリストの石像は黒ずんでいて、その前に小さな石の祭壇があり、花束が捧げられていました。そのそばの小さな木のベンチの背もたれのところに「十字架に救いあり。汝の悩みは主に投げよ」と書いてあります。

*

十七世紀中頃、バート・メルゲントハイムでも魔女狩りの嵐が吹き荒れ、魔女裁判がドイツ騎士団城で行われました。裁判の際には、拷問の代名詞だったバンベルク市に助けを求めています。処刑場だったのではないかと思われる「絞首台山」や「刑場」という地名が近郊にいまも残っています。

この町出身の詩人ハンス・ハインリヒ・エーラー（一八七二―一九五一）は、子どもの頃に、この十字架の前で仲間と一緒になって「魔女の火あぶり」遊びをした覚えがあると語っています。一九五一年には、町の湯治場一二五周年が祝われました。バート（温泉）という名前からわかるように、この町は温泉保養所としても有名なところです。この祝いのときには、拷問柱に縛られた魔女や司祭、死刑執行人に扮した人たちを乗せた馬車行列も出たそうです。

＊

一九五〇年から六〇年代にかけて、この十字架がなぜ「魔女の十字架」と呼ばれたのかについて論争がありました。大勢を占めたのは、ここで魔女が処刑されたからだというもっともな説でした。この説の有力な裏付けは、私がタクシーで通りすぎた「タンツカフェ・ヘクセンクロイツ（ダンスカフェ・魔女の十字架／Tanz Café Hexenkreuz）」が魔女狩りの時代にはすでにあったからだというものです。

また別な説もあります。魔女の十字架が立っている場所は、かつては異教の聖地でしたが、カトリック教会がこの場所に十字架を建てたといいます。十七世紀頃のこの地の風景画には大きな十字架が描かれているそうです。教会筋の人がこの十字架を作ったときに、「Herren（主の）」と書くべきところを誤って「Hexen（魔女の）」と書いてしまったのだというのです。確かに rr と x は似ていなくもないですが、そんな間違いをするでしょうか。

十字架のキリストは敬虔な姿をしていて、心打たれましたが、そこに魔女が架けられていたとすれば、印象はまったく違ったものになったでしょう。

キリストは人間の罪を引き受けて十字架に架けられましたが、「魔女の十字架」に架けられた人々は何の罪を引き受けたというのでしょうか。様々な思いを抱きながら歩いた魔女街道の旅でした。

第2章

魔女への慰霊の旅

魔女偏見の克服をめざして

一九九八年九月のことです。私はとても興味深い体験をするはずでした。北ドイツのハンブルク民族博物館内にある魔女研究所から届いた創設二十周年記念行事のお知らせで、行事の一つに「魔女の森で一夜を」というイベントがあることを知りました。参加資格は五歳から十三歳まで。子どもたちは博物館で魔女の歴史を学び、自分たちで「ヘンゼルとグレーテル」のお菓子の家を作り、夜にはハーブ入りのパンやスープを作って食べ、博物館で一夜を過ごすのです。

年齢制限はとうに過ぎている私ですが、申し込みの手紙を送り、ドキドキしながら待っていたところ、「参加者が少ない場合は中止もありますが、どうぞ寝袋持参でいらしてください」という返事が来ました。私の参加日は新学期が始まる時期だったのでちょっと不安でしたが、日本から寝袋をかかえてドイツへ飛び、ハンブルクのホテルで待機していました。

ところが、やはり前日になって中止の電話が入りました。残念至極でした。しかし、このことがきっかけで魔女研究所の研究員の女性と知り合いになり、いろいろ話を聞く機会を持つことができました。

＊

「魔女研究所（Hexenarchiv）」は、魔女撲滅運動に後半生を捧げたヨーハン・クルーゼの努力によって作られました。彼は一八八九年に北ドイツの小さな村で生まれ、子ども時代に魔女偏見の犠牲になった可哀想な人々をたくさん見てきました。小学校の先生になりましたが、退職後、魔女偏見に苦しむ人々を救済する運動に身を投じることになったのです。

十八世紀後半になると、ドイツでも魔女裁判は急速になくなっていきましたが、魔女迫害は魔女偏見として残っていました。クルーゼはそういう人々の相談にのり、社会に対して偏見撲滅を訴え続けました。その努力が実って、一九七八年にハンブルクの民族博物館に研究所が設けられることになったのです。クルーゼは一九八三年に亡くなりましたが、彼の意思を継いだ研究員たちによって魔女研究所は運営されてきました。ドイツで初めて開催された一般向けの魔女展も、この研究所によるものでした。この魔女展は数多くの図版や絵画を展示して、過去から現代までの魔女の歴史を提示したものでした。これがきっかけで、その後ドイツ各地で魔女展が開催されるようになりました。

数年前、最近はどんな活動をしているのだろうかと研究所のURLにアクセスすると、サイト自体がなくなっていました。びっくりして研究員のココットさんにメールをしたところ、「人件費の高騰もあってしばし閉所しますが、そのうちなんとか再開したい」という返事でした。しかし、いまも閉じられたままのようです。

おそらく、ドイツにおける魔女偏見も少なくなり、偏見撲滅のために人件費を計上する必要がなくなったのかもしれません。それならそれでよかったと思うのですが、だからといって過去における魔女迫害の歴史が消えてしまったわけではありません。

＊

二〇一五年にバンベルクに魔女の慰霊碑が作られたことはすでに紹介しましたが、魔女迫害のあった町では、市議会、市民団体、教会などが出資して慰霊碑を建てたり、魔女とされた人々の名誉回復を議会に提出するというような動きが二十世紀後半から見られるようになりました。

いまではそのような慰霊碑の数はかなり多くなっているでしょうが、すべてを追うことなどできませんし、それがいいとも思いません。一つでも二つでもいいのです。自分の目で見て、何かを感じ取る経験をすることが大切なのではないかと思います。ここでは私が見てきたいくつかを紹介します。

魔女の塔と牢獄と慰霊碑

魔女の疑いで逮捕された人は裁判を受ける前に、塔の地下牢や、魔女専用の収容施設「魔女の家」（28頁）に収監されます。

魔女を収監していた塔はたいていずんぐりした円筒形で、陰鬱な雰囲気がありま す。日本でいえば古い時代の土蔵を思い浮かべるといいかもしれません。こうした 魔女の塔や、魔女を収監した牢獄は、いまもドイツの各地に残されています。

▍美しいが悲惨な魔女の塔 ―― ゲルンハオゼン（Gelnhausen）

ゲルンハオゼン（ヘッセン州）は、フランクフルトから電車で四十五分ほどのところにある古い町です。この町では一五八四年から一六六三年までに男女五十五名が魔女であるとして命を奪われました。処刑は市庁舎の地下で行われたということです。処刑されるまで閉じ込められていた「魔女の塔」は十五世紀に作られたもので、石造りの塔の上にさらにとんがり帽子のような尖塔がついています。不謹慎かもしれませんが、私がこれまで見た「魔女の塔」のなかで、もっとも美しい形の塔でした。

この塔に行く途中にホテルがあり、そこには「ヨーハン・ヤーコプ・クリストッフェル・フォン・グリンメルスハオゼンの生家。十七世紀最大の作家（一六二〇—一六七六）」と書かれた看板があります。グリンメルスハオゼンは『ジンプリチシムスの冒険』（一六六九）の作者として有名です。この本は『阿呆物語』というタイトルで邦訳があります。三十年戦争に翻弄された主人公が幾多の冒険を経て、人生の諸行無常を悟り、隠者になるという話です。彼は十二歳までこの町に住んでいたので、処刑されるために引っ立てられていく魔女の姿を見たことがあったのではないでしょうか。そのような「魔女たち」の悲惨な運命が、グリンメルスハオゼンの無常観に何がしかの影響を与えたかもしれません。

このホテルの横の細い道を歩いていくと、右手に粗末な木戸があります。中に入るとツタが生い茂った魔女の塔が建っています。高さ二十四メートル、直径九メートルある塔の壁には、犠牲者の名前が刻まれたプレートが取り付けられています。時間によりますが、庭には自由に入れます。塔の中に入るには市のインフォメ

ゲルンハオゼンの魔女の塔

ーションセンターに申し込みが必要ですが、中は薄暗く不気味な雰囲気で息がつまりそうになりますから、予約してまで中に入らなくてもいいかもしれません。

それより、塔の前に建っている鎮魂の像は見逃さないでよく見てください。高さ一メートルほどの樹をかたどった流線形のブロンズ像「叫ぶ人」です。先端には天に向かって口を開け、何かを訴えている人の顔があります。反対側には唇を閉ざし、目をつむっている顔があります。胴体部分には犠牲になった人たちの顔がいくつも彫られています。一度見たら決して忘れられない人々の顔です。

この像は市民の寄付と市の援助金で一九九六年に作られました。私はこれまで何回か訪れたことがありますが、ある年は、式典でもあったのでしょうか、像のまわりにバラの花びらが撒かれ、塔の前には花束が捧げられていました。「魔女」を監禁した償いとして塔のそばに慰霊碑が作られているのを見ると、少しばかり心が癒されます。

残忍な代官を招聘して行われた魔女裁判 ―― フルダ（Fulda）

フルダ（ヘッセン州）はフランクフルトから北東に百キロほどのところにあります。この町の司教座大聖堂には、ドイツのキリスト教化の立役者ボニファーティスの墓があります。彼がどんな布教活動をしたかについては、とても興味深い伝説がいくつも残っています。「神木オーク」（92頁）もその一つです。

この大聖堂の近くにある魔女の塔に足を向けてみましょう。カスターニエン通りからカナル通りに入ったところに、高さ十四メートルの円筒形の塔が建っています。ツタにびっしり覆われた壁に隠れるようにして「魔女の塔」と書かれた案内板がかかっています。十二世紀後半、フルダの市壁には十二の防御塔と五つの市門があったということで、この塔はその一つでした。実際に魔女がこの塔に収監されていたかについては何も書かれていませんでした。しかし、フルダの魔女迫害の歴史もひどいものでした。

*

一六〇三年、フルダの領主兼修道院長バルタザール・フォン・デルンバッハは、残虐なことで知られる代官バルタザール・ヌスをフルダへ呼び寄せ、魔女裁判官に任命しました。その結果、三年間で三〇〇人近い人々が魔女として処刑されたのです。

それからほぼ四〇〇年後の二〇〇八年、フルダのカトリック参事会が旧聖堂区墓地に慰霊碑を建てました。一六〇〇年から一六〇四年まで、フルダ司教区で魔女として処刑された男女約二七〇名に捧げられたものです。プレートには、こう書かれています。「注意深くあれ　考えるとき　判決を下すとき　行動するときは」

フルダの魔女の塔

■「魔女の塔」のガイド付きツアーに参加 ―― マールブルク（Marburg）

ラーン河畔の町マールブルク（ヘッセン州）の旧市街は坂の上にあります。両側に並ぶお店を見ながらフウフウ息を切らせて上ります。足の弱い人には別の通りにエレベーターがあります。エレベーターを降りたところがマルクト広場ですが、そこから再び急な階段を上り、やっとヘッセン方伯城に着きます。城の展望台から見下ろす景色はすばらしく、我慢して上ってきた甲斐はあります。

城の裏手に回ると低くて太い円筒形の塔があります。「魔女の塔」です。外階段の先にはドアがあり、表札がかかっているので、もしかすると人が住んでいるのかもしれません。これは本当に魔女の塔なのだろうかと思った私は、城の関係者らしい男性が通りかかったとき、思い切って「この塔はなぜ魔女の塔と言われているのですか」と質問しました。男性は怪訝そうな顔をして「魔女を収容していたからですよ」と答えました。

私がどうしてそんなおかしなことを尋ねたかというと、ドイツで魔女の塔と呼ばれているもののなかには、観光用に名付けられたものもあるからです。一時期「魔女の塔」と名付けるのが流行ったそうで、名前につられて訪れてみると、魔女迫害に関係のない単なる昔の防御塔だったということがありました。

でも、マールブルクの魔女の塔は本物でした。というのは、その後、週一度ガイド付きで内部を見るツアーがあることを知って参加し、実際に中を見ることができたからです。

申し込みは不要で、城の前庭で待っているガイドに直接ガイド料を支払います。塔の横手にある入口の重い扉を開けて、地下に降りると石の壁に囲まれた狭い部屋がいくつか並んでいます。中は薄暗くてよく見えませんが、石壁の部屋は狭く、明かり取り用の小さな窓があるのがわかります。ベッドはあったのだろうか。食事も出されていたのだろうか。どのくらいの間監禁されていたのだろうか……と想像ばかりが膨らんで、胸が痛くなりました。

一六五六年、マールブルク在住の七十二歳になるカタリーナ・

マールブルクの魔女の塔

シュタウディンガーという女性が、魔術を使って人間や家畜を病気にさせたり、殺したり、魔女の集会に参加したりと、ありとあらゆる「魔女の悪行」を自白したという記録があります。彼女がこの牢獄に入れられたのか、判決はどうだったのかはその記録ではわかりませんが、十七世紀の半ばになってもこういう自白を強制された「魔女」は少なくなかったのだろうと思われます。

魔女の嫌疑で処刑された母娘――エッシュヴェーゲ（Eschwege）

エッシュヴェーゲ（ヘッセン州）は人口約二万人の小さい町です。日本ではあまり紹介されることがありませんが、見事な木組みの家が千戸もあるすてきな町です。ところがこの町には暗い歴史が二つありました。魔女迫害とユダヤ人迫害です。

あるとき知人から、エッシュヴェーゲには「魔女の塔」と「魔女の牢獄」があるので訪れてはどうかと勧められ、郷土史家のファオベルさんを紹介されました。ファオベルさんは、この町で起こった魔女迫害の実態を調査研究している実にエネル

ギッシュな女性で、『エッシュヴェーゲにおける一六五七年の魔女裁判』という立派な著書を出されています。彼女からこの町の魔女迫害について、いろいろと教えていただきました。

＊

一六五七年、この町に住む織物職人の妻カタリーナ・ルーデロフと彼女の母親マルタ・ケルステがマルクト広場で死刑宣言を受け、別々の場所で火刑に処されました。二人を魔女として告発したのは隣人で、罪状は魔女術を使ったことでした。

カタリーナの娘が重い肺結核で亡くなった二ヶ月後、隣人の子どもたちが次々にひどい痙攣を起こして死にかけたことがありました。それをカタリーナが魔女術を使ったことによるものだとしたのです。カタリーナには、あろうことか自分の娘も殺したという嫌疑が付け加えられました。

当時は魔女術というのは母親から娘に伝授されると思われていたこともあったようで、母親も尋問を受けることになりました。過酷な拷問の末、二人は罪を認めてしまい、市のはずれにある魔女の塔に収監されました。その後カタリーナのほうは別の独房に移されました。それが魔女の牢獄です。

*

エッシュヴェーゲはヴェラ川に沿った高台にある町です。この町の丘を切り出した面に、高さ三メートルほどの石壁が築かれている場所があります。「魔女の牢獄」はこの石壁の一部をくりぬいて作られています。幅は二メートル四十センチ、奥行き三メートル十センチ、高さは二メートル七十センチ。壁も円天井も石でできています。壁に沿って低い石の台があり、その石と床に残る小さな穴は、カタリーナを縛る鎖を取り付けていた跡だそうです。試しに木の扉を閉めてみると、真っ暗。扉の隙間からわずかに光が見えるだけでした。ツーリスト・インフォメーションセンター

エッシュヴェーゲの魔女の牢獄。突きあたりの右側に牢獄の入り口がある。

に申し込めば、この牢獄の鍵を貸してくれます。

牢獄入口の扉の横にはプレートが二枚あります。一枚には出来事のあらまし、もう一枚にはゲッティンゲン（ニーダーザクセン州）の画家によるカタリーナ母娘のイメージ画が描かれ、その説明文の最後には「雄弁は銀、沈黙は罪」と書いてあります。これは「雄弁もいいが、場合によっては黙ることも大切だ」という意味の「雄弁は銀、沈黙は金」（イギリスの評論家トーマス・カーライルの言葉とされている）をもじったものです。ひどい魔女迫害を知りながら口を閉ざしてきたのは罪以外の何ものでもない、という痛烈な批判の言葉です。

二〇〇七年に市長は、市とプロテスタントの教会会議の名において、二人の名誉回復を宣言しました。ファオベルさんたち市民による活動の成果でもあります。

＊

エッシュヴェーゲには魔女迫害だけでなく、ユダヤ人迫害の歴史もあります。

一九三八年十一月九日夜から十日未明にかけて、ドイツ各地でユダヤ人の住宅や店、シナゴーグ（ユダヤ教の会堂）などが襲撃された「水晶の夜」（クリスタルナハト）事件が起こりました。破壊された店のガラスが粉々に飛び散っている様子が映像に残されています。それをこのようなきれいな言葉で表現するのは、なんと残酷なことでしょう。

「水晶の夜」の襲撃はエッシュヴェーゲでも行われ、町のシナゴーグは完全に破壊されました。現在のシナゴーグは一九五四年に同じ場所に同じ形で再建されたもので、近くの広場には流線形をした赤銅色のブロンズ像が立っています。像は鉄条網をイメージした黒い枠に囲まれています。二〇〇八年に作られたもので、カタリーナやユダヤ人だけではなく、迫害されたり、暴力に苦しめられた多くの人々にも向けられたものだそうです。そのためこの像は、人の姿はしているものの、顔はなく、性別も不明にしたということです。

■「バター魔女」の慰霊碑 ―― ゼムリン（Semlin）

ベルリンの近郊ゼムリン村（ブランデンブルク州）の広場にアンナ・ロッピエンの石碑があります。両手を後ろ手に縛られて、天を仰いで火刑を待つ若い女性の像です。二〇〇二年に作られました。アンナは不純なバターを売ったと告発され、「バター魔女」として一六七二年に火刑にされました。

魔女迫害の時代に、「バター魔女（ブターヘクセ）」や天候を左右する「天候魔女（ヴェターヘクセ）」として処刑された「魔女」がいました。バター魔女とか天候魔女と聞くと、なんだかアニメのキャラクターみたいで笑いそうになりますが、農作物に実害を及ぼす「天候魔女」は、農民にとって何より許せない敵だったのです。

そのほかに牛乳を盗むことも魔女の罪状の一つでした。牛に魔女術をかけて牛乳を盗む魔女の絵が残されています。

エッピンゲン（バーデン＝ヴュルテンベルク州）のカトリック市教会で、盗んだ牛乳を悪魔に渡している魔女の絵（十六世紀頃の壁画）を見たときには、こうまでして魔女の悪行を信徒に刷り込むのかと溜め息をついてしまいました。

魔女を慰霊する「鎮魂の噴水」

ドイツには冤罪で命を奪われた「魔女」のための慰霊碑がたくさんありますが、魔女を慰霊する「ブルンネン（Brunnen）」もあります。このブルンネンというドイツ語は訳すのがとても難しい言葉です。湧き水のある泉や人工的に作られた水を噴きあげる噴水、地下水をくみ上げる釣瓶式の井戸や、もはやあまり目にしないポンプ式井戸、樋から飲み水の流れるものなど、特別に差異を問題にしない限り、すべてがブルンネンと呼ばれるのです。ここで取り上げる「魔女のブルンネン（Hexenbrunnen）」は、とりあえず噴水としました。

魔女の鎮魂のために作られたそれらの噴水は、水を高く噴き上げる豪華なものではなく、どちらかというと町の片隅にひっそりとあって、注意しないと見過ごしてしまいます。いくつかを紹介します。

■マリア・ホルの噴水――ネルドリンゲン（Nördlingen）

ロマンティック街道の町ネルドリンゲン（バイエルン州）は、城壁がそのまま残る美しい町として観光名所になっています。その町の中心からちょっと離れたところにワインマルクトという広場があり、その片隅に「マリア・ホルの噴水」が立っています。

マリア・ホルは評判のいい居酒屋の女主人でしたが、それを妬まれたのか、隣人に魔女術を使ったとして告訴されました。なんと六十二回も拷問を受けましたが、自供せず、牧師と世論の支持を得て最後は無罪放免され、故郷のウルム（バイエルン州）で一六三四年に亡くなりました。これがネルドリンゲン最後の魔女裁判と言われています。

「マリア・ホルの噴水」は、彼女の居酒屋のあった場所に一九六六年に作られました。三角形の木の箱の中央に樋が嵌め込まれていて、そこから水が流れ出ています。飲めるのかどうかはわかりませんでした。それにしても木箱も中央の木も、火刑の薪をイメージさせる陰気めいた造りに見えました。

■水飲み場に立つ魔女――アウクスブルク（Augsburg）

アウクスブルク（バイエルン州）は二〇〇〇年の歴史を持つ古い町で、見どころを挙げるのに十本指では足りないくらいです。それらの一つにモーツァルトの父の生家があります。この家を通り過ぎるとフィッシャー門に出ます。ここが市内と市外を分ける門ですが、この門から市壁の上に上がることができます。その外壁に沿って歩いていくと、粗末な屋根と木の格子で囲われた小さな水飲み場があります。処刑場に連れていかれた魔女が最後にここで水を飲んだという場所です。

この柵で囲われた水飲み場の中には、ぎょっとするような恐ろしい顔をした木製の魔女が立っています。その腹部からは水樋が出ていますが、水は流れていません。一九一五年に作られ、何度か修復工事もあり、現在見られるのは一九八八年のものです。

■大釜の形をした噴水――オーデンタール（Odenthal）

オーデンタール（ノルトライン＝ヴェストファーレン州）はライン河畔の町ケルンから東に十キロメートルほどの山あいにある小さな町です。町の中心に聖パンクラティウス教会がありますが、その裏手の駐車場用の狭い空き地に魔女の噴水があります。一九八八年に市によって作られたものです。

銅製の大釜の形をした噴水で、コンコンと水の流れる水盤の縁には魔女の処刑図が彫られていて、台座には「魔女として裁判にかけられ、処刑された人々に対する追憶」と書かれています。この町では七人が魔女として処刑されたそうです。

ドイツ最後の魔女

一七七五年といえばアメリカ独立戦争が始まった年、日本は江戸時代の後期にあたります。この年、アンナ・マリーア・シュヴェーゲリンという農婦が魔女として死刑の判決を受けました。彼女はドイツ最後の魔女と言われています。

＊

アルゴイ地方（バイエルン州）の雇われ農婦だったアンナは、敬虔なカトリック信者でした。

あるとき、そこで知り合った御者から「プロテスタント（ルター派）に宗旨替えをすれば結婚する」と言われて、悩んだ末に彼の言葉を信じて改宗しました。ところが、彼はアンナをいっときもてあそんだだけで姿を消してしまいました。

アンナはカトリックを捨てたバチが当たったと思い、かつて世話になった僧に許しを請うことにしました。ところがなんと、彼はプロテスタントに改宗していたのです。自分を導いてくれた僧が改宗してしまい、アンナは心のよりどころを失ってしまいました。

キリスト教徒にとって、カトリックかプロテスタントかはとても重要なことでした。信仰の選択権は、かつては都市や領主にあったのですが、十七世紀中頃には個人が自由に選べるようになりました。どの宗派を選ぶか、人によっては大きな決断が必要だったのです。

バイエルンというカトリックの強い地域で育ったアンナが、宗旨替えしたことを罪だと思ったのもうなずけます。彼女は故郷を捨て、町から町を放浪し、乞食のような生活を送っていましたが、あるときひったくりをして捕まり、バイエルン州のアルゴイ地方の中心地、ケンプテン（Kempten）に護送されたのち、精神病院に収容されます。そこでアンナは婦長から拷問を受けて悪魔と交わったと認め、魔女として起訴されたのです。

アンナは裁判にかけられますが、すでに発狂していてわけがわからなくなっていました。魔女だろうと追及されても反論もせず、すべてを認め、三人の裁判官によって死刑の判決を言い渡されたといいます。そして一七七五年、四十六歳で処刑されたと伝えられてきました。ところが、一九九五年に市の高校の教師が、アンナは処刑されたのでなく、獄舎につながれたまま六年後に獄死したという記録を発見しました。どちらにしてもひどい話です。

二〇〇二年にケンプテン市は、アンナが裁判にかけられたケンプテン宮殿の庭に慰霊の噴水を作り、二〇一八年にはその脇に墓碑銘を加えました。宮殿はロココ様式の優雅な建物で、ガイド付きで内部を見ることができます。アンナが裁判を受けた部屋も見ることができるかどうか、ガイドの女性に尋ねたところ、あることはあるが、見ることはできないということでした。

認められた潔白の証明

一六九二年、アメリカのマサチューセッツ州セイラムで約二〇〇人が魔女として逮捕されて魔女裁判にかけられ、十九名が処刑されるという事件がありました。その後、これは冤罪だったとして無罪判決を得ましたが、それに漏れた被告の子孫が先祖の名誉回復を求めて裁判を起こしました。訴えが認められたのは、事件から三〇九年後の二〇〇一年のことでした。

このセイラムの魔女裁判をテーマにしたアーサー・ミラーの戯曲「るつぼ」(一九五三)は、冤罪について考えるきっかけを社会に投げかけ、大きな反響を呼びました。

スイスの作家エヴェリン・ハスラーの『最後の魔女　アンナ・ゲルディン』(一九八二、邦訳一九九三)は一九九一年にゲルトルート・ピンクス監督によって映画化され、日本でも上映されました。このことによってグラールス(スイス)出身のアンナ・ゲルディィ（小説ではゲルディィン）という女性がヨーロッパ最後の魔女だったということが、日本でも多少知られるようになりました。アンナ・ゲルディィの「名誉回復」は、最初は市当局や教会筋の人々の強固な反対を受けましたが、二〇〇八年にやっと受け入れられました。

＊

「名誉回復」というのは「身の潔白」が証明されたということです。二十世紀に入ってから、魔女裁判により冤罪にかけられた人々の名誉回復を求める運動が、とくに有志の市民活動家たちによってなされるようになりました。前に紹介したエッシュヴェーゲのカタリーナ（61頁）の名誉回復がなされたのは二〇〇七年でした。

＊

ライン河畔のケルン（Köln）でも名誉回復の再審が認められた事例があります。

ケルンはユネスコ文化遺産の町として、観光客のよく訪れる町です。ケルン大聖堂は言うに及ばず、ヴァルラフ・リヒャレツ美術館で十四世紀から十九世紀までの宗教画を鑑賞し、ライン河畔を散策し、のどが渇けば薄く細いグラスでケルシュビーアを飲み、シャワーの後は上品な香りの4711オーデコロンでリフレッシュを図る……なんていう楽しい時間が過ごせます。チョコレート博物館もあります。ケルンは退屈とはほど遠い町です。

そこで、もし時間があったら、市庁舎広場まで足を延ばしてください。市庁舎の建物の外壁にはたくさんの像が飾られています。西側三階の壁の真ん中に男性の像と女性の像が並んで立っています。女性像は、一六二七年に魔女裁判で死刑判決を受けて処刑されたカタリーナ・ヘノートです。

＊

ヘノートは裕福な市民階級の出で、夫が亡くなった後、代々運営してきた郵便局を任されて活躍していた女性でした。しかし、その運営をめぐって市の上層部と悶着が絶えず、彼女が魔女術を使っているという噂が流れました。ヘノートは捕らえられて、拷問を何度も受けましたが、自白しませんでした。しかし、彼女の訴えは受け入れられずに処刑されました。

一九八八年、カタリーナの子孫が、カタリーナおよび、当時魔女として処刑された三十七名の女性たちの名誉回復を求めて、再審請求を市に提出しました。市庁舎の像はこの年に作られました。市庁舎は第二次世界大戦の空襲で焼け落ちていましたが、再建の際に、破壊された多くの像の代わりにいろいろな像を新しく作ったのです。ヘノートの像はフランクフルトの彫刻家マリアンネ・リュディケによって作られました。

市は市庁舎の外壁にヘノートの像を設置したわけですから、彼女の無罪はすでに認めていたのかもしれません。しかし、公に全員の名誉回復が決議されたのは二〇一二年のことでした。

もう一つの男性像は当時の魔女裁判の非を唱え続けた神学者フリードリヒ・シュペー（一五九一―一六三五）です。二人の像の足元に名前が刻まれています。

魔女迫害の歴史を持たない日本では、何百年もかけて先祖の名誉回復を求めるということは想像しづらいかもしれません。しかし、「魔女が好き」とか「魔女になりたい」とか「私の先祖は魔女だったのよ」と無邪気に言える現代日本の魔女観は、西洋のそれとははるかに異なる、別の文化領域に属するものなのだと思います。

＊

二〇一四年に、バイエルン州のイプホーフェン（Iphofen）という町で開かれた魔女展を見る機会がありました。室内会場の展示以外にも、近くの野原に薪の山が設置されていました。人間を一人火刑にするのに、どの程度の量の薪が必要だったかを伝えるためでした。屠殺された豚を使って、実際に実験したそうです。そこまでするのかと、その徹底性に驚きました。

たくさんの慰霊碑が作られ、たくさんの名誉回復の再審請求がなされていることは、ドイツがいまも魔女迫害の記憶から逃れられない証なのだと思います。

どうやら気の重い旅が続いたようです。次章では楽しい魔女の旅に向かうことにします。

ちょっと寄り道

1 謎だらけ「イルミンの柱」

トイトブルクの森（ドイツ北西部）の一画に、いくつもの奇岩がそびえるエクステルンシュタイネ（Externsteine）という場所があります。頭でっかちのタケノコみたいな岩がいくつも並んでいます。これらの岩石群は七〇〇〇万年程前にできたものだそうです。ケルト人かゲルマン人の聖地だったのではないかと見られています。

聖地というのは人を惹きつけるもので、満月の夜にオカルト集団が集まって、何やら儀式めいたことをするとか、ネオナチのグループがひと暴れしたとか。いろいろな噂があります。

ただ、私がここを訪れたのは、古代の聖地と言われているものを見たかったというだけでなく、これら奇岩の一番高い岩の中腹にキリストの降架図が彫られていて、そこに「イルミンの柱（Irminsur／イルミンズール）」が描かれていると知ったからです。

イルミンの柱と言われても、「それ何？」と思われるでしょう。私たちにはあまり馴染みがありませんが、古代ザクセン族のシンボルだった柱です。

＊

五世紀後半にゲルマン人の一部族であるフランク族によってフランク王国が作られますが、この王国を絶頂期に導いたのがカール大帝（七四二—八一四）でした。大帝はキリスト教を受け入れ、時に武力を用い、時には懐柔策を弄してゲルマン人の諸部族を改宗させ、西ヨーロッパのほとんどを統一しました。そんな大帝にも目の上のコブがありました。それはザクセン族の抵抗でした。

ザクセン族はドイツの北東部を支配していたゲルマン人の一部族です。ザクセンの語源は「短刀」ということらしいのですが、その名の通り、彼らは武力に優れ、独立心が強く、誇り高い部族でした。彼らは七二二年に彼らのシンボルであるイルミンの柱をカール大帝によって倒されたとき、自分たちの土地と信仰を守り、徹底的に大帝に抵抗しましたが、ついに八〇三年（八〇四年とも言われている）、大帝に屈します。実に三十年間にわたる抵抗でした。

ザクセン人はこのシンボルの柱を戦地に持っていったとか、自分たちのテリトリーのどこかに立てていたなどと推測されています。ところが、ザクセン人にとってこれほど重要だったイルミンの柱がどんな形をしていたのか、実はまったくわかっていないのです。かけら一つ見つかっていません。

＊

そんな謎だらけのイルミンの柱に興味を持ち、調べていたとき、このトイトブルクの森にあるエクステルンシュタイネのことを知りました。

エクステルンシュタイネには、私が見たかったキリストの降架図が確かにありました。それは、一一三〇年頃にパーダーボルン（ノルトライン＝ヴェストファーレン州）の修道士が彫ったとされる縦五メートル、横三メートル七十五センチの浮彫です。十字架の右下に椅子のようなものがあります。仔細に見ると湾曲した木か柱のようで、T字型の上部の一方が折り曲げられて地面にくっついているように見えます。これが「イルミンの柱」です。この「折り曲げられた木」は、異教徒ザクセン人がキリスト教に敗北したことを象徴しているのでしょう。修道士はこれを彫ることで、ここをカトリックの聖地としたのです。

その後、カール大帝がザクセン族を打ち負かした戦いの地エーレスベルク（現オーバーマルスベルク）の「ベネディクト修道院および司教座教会」、現在の「聖ペテロと聖パウロ修道院教会」にも、この柱を描いたレリーフがあることを知り、行ってみました。

そのレリーフは教会の入口を入ってすぐ横の壁にかかっています。イルミンの柱を真ん中にして左にカール大帝、右に従者として戦いに参加したフルダの修道院長聖シュトルミウスが立っています。これは一九七二年、オーバーマルスベルク市制一二〇〇年の記念祭のときに作られたものです。七七二年にカール大帝がこの地でイルミンの柱を倒してから一二〇〇年後のことでした。

このレリーフにあるイルミンの柱は三つの大きな節のある樹で、上部に大きく左右に開いた葉があります。エクステルンシュタイネで見たものと同様に、イルミンの柱が樹としてイメージされているのがわかります。

中央の樹木はイルミンの柱の典型的なイメージである。聖ペテロ教会（オーバーマルスベルク）

*

その後、ゴスラーの皇帝居城（127頁）とカール大帝のおひざ元、アーヘン市庁舎の「戴冠の間」で、「カール大帝とイルミンの柱」の絵を見ることができました。両方とも首を垂れる敗者ザクセン人をカール大帝が馬の上から見下ろしている壁画です。画面右下に倒された柱と思われる太い丸太にロープがかけられ、それを引っ張っている兵たちがいるので、この柱は切り倒されたのではなく、引き倒されたもののようです。柱の先端には野蛮な顔が彫られています。ザクセン人が崇める柱をこき下ろすような意図が見えます。

この壁画を見たとき、私は大きな疑問にぶつかりました。この絵はザクセン族の完敗を描いているように見えますが、それが七七二年のことなら、それにもかかわらず、その後三十年も戦い続けたということなのだろうかと思ったのです。

ザクセン族はイルミンの柱を倒されて意気消沈して降伏したのではなく、大きな怒りを持ってカール大帝に戦いを挑み続け、それでも敗れてしまったのでしょう。そうすると、ゴスラーの絵とアーヘンの絵は、そうした年代など無視して、カール大帝の偉業をシンボリックに描いたものだったのではないかと思いました。

*

イルミンの柱の研究書のほとんどでは、樹木に近いものという推測で書かれていますが、本当のところはわかっていません。イルミンの柱についてはいまも謎のままでです。「それがどうした」と言わないでください。例えば、エクステルンシュタイネの奇岩を見ながら古代の息吹を感じとってみるのも、寄り道の醍醐味かもしれませんから。

ちょっと寄り道

2 ✾ ルターと悪魔

チューリンゲン州アイゼナーハ（Eisenach）近郊にあるヴァルトブルク城は観光客に人気が高く、最近では中に入るのに順番待ちをしなければならないほどです。城にまつわる史実や伝説もたくさんあります。とくに知られているのは、ルターがここで聖書のドイツ語訳をしたということでしょう。

＊

マルティン・ルター（一四八三—一五四六）はローマカトリックを批判し、信仰者のよりどころは贖宥状を買うことではなく聖書にあると主張しました。神聖ローマ帝国皇帝カール五世の要請によって、ヴォルムス（ラインラント＝プファルツ州）で帝国議会（一五二一）が開かれ、ルターは主張の撤回を求められましたが、拒否しました。それでルターは帝国を追放され、ザクセン選帝侯フリードリヒ三世にかくまわれ、ヴァルトブルク城の狭い部屋に籠って、聖書のドイツ語訳に没頭することになりました。人々が直接神の言葉に触れることが大切だと思ったのです。

そんなルターのところに毎夜やってきては仕事を邪魔するものがいました。悪魔です。堪忍袋の緒が切れたルターはある夜、インク壺を悪魔にむかって投げつけました。すると悪魔は退散して二度と姿を見せなくなったそうです。そのときのインクの染みがいまも残っていると伝説は伝えています。

＊

本当にいまもその染みは見られるのでしょうか。ルターの部屋は城の一角にあります。私が初めてルターの部屋を見たときは、部屋の入口に「この話は伝説なので染みはありません」という張り紙がしてありました。それではあまりにも素気ないと思ったのか、天井の隅に手長猿のような悪魔の人形が吊るされていました。三年ほどして再訪したときには張り紙はなく、悪魔の人形だけが吊るされていました。しばらくしてまた訪れたら、城のショップで悪魔人形が売られていました。

*

ところで、この悪魔はどこからやってきたのでしょうね。城の裏手にある展望台に立つと、チューリンゲンの平野に小高い丘のような山が点々と見えます。その一つがヘーアゼルベルク山です。この地の言い伝えでは、この山には悪魔が住んでいて魔女の巡礼地となっているとされています。そのため、こんな話も伝わっています。

昔、イギリスの王妃が亡くなった夫のために祈りを捧げていると、王はヘーアゼルベルク山で煉獄の火に焼かれていると告げられたので、王妃はヘーアゼルベルク山のふもとに礼拝堂を建てることにしました。すると王妃のもとに悪魔が姿を現したので、王妃はその地を「ザータンシュテット（サタンの居場所）」と名付けました。

〈ヘーアゼルベルク山の伝説〉

この地が現在のチューリンゲン州のゼッテルシュテット（Sättelstädt）で、アイゼナーハから電車で三つ目の駅です。駅を降りると教会の屋根が見えます。それが王妃の建てた礼拝堂かどうかはわかりませんが、ここからヴァルトブルク城までは一飛びです。ルターの邪魔をした悪魔はきっとここから飛んでいったのでしょう。

このヘーアゼルベルク山にはもう一つ面白い伝説があります。愛をうたう歌人タンホイザーが後年行方不明になったのですが、彼は愛の女神ヴェーヌス（ヴィーナス）に誘われて一緒に暮らしていたというのです。その住処がここヘーアゼルベルク山だそうです。二人の住処だったという洞窟が山中にあり、中に入ることもできます。しかし、そこまで行くと寄り道として少し時間がかかりすぎるので、ひとまずはここまで。

ちょっと寄り道

3

神木オークとドイツ

あるとき、バイエルン州のミュンヘン近郊のプラネック（Planegg）という町に「マリアアイヒ（Maria Eich）」という巡礼者のための教会があると知人から教えてもらいました。マリアアイヒの「アイヒ」とは、ブナ科コナラ属の高木落葉樹の「アイヒェ（Eiche）」のことで、英語のオークにあたります。

オークは地中深く根を張って、地下水を吸い上げるので、避雷針のような役目をし、よく落雷を受けます。ドイツには「雷が鳴ったらオークの木を避けよ」ということわざがあるそうです。そのためか、オークの木はゲルマン神話の雷神ドーナル（北欧神話のトール）が宿る木と言われています。

この異教の神木の名と、キリスト教の聖母マリアの名をつなげた教会にとても興味を持ち、訪れてみることにしました。

*

教会の参道はオークの木立に囲まれた小道で、その突き当たりに小さな可愛い教会があります。主祭壇はたいへん華やかで、正面にまばゆいばかりの金色の光輪が広がり、その中にご本尊の小さなマリア像があります。この像は、教会のパンフレットによれば、イタリアの町ロレートで売られている土産用のレプリカだそうです。

そんな安物のレプリカがなぜご本尊として祀られているのかというと、礼拝堂の天井にその由来が描かれています。

*

一七一〇年のこと、この村に住む兄弟二人が土産物のマリア像をオークの木の洞に置いて、日々お祈りしていました。

あるとき、病に苦しんでいる女性がこの像に祈ったところ、病が治り、それを知って多くの人々が訪れるようになりました。そこで、一七三二年にこの木を囲んでお堂が建てられ、以来一八〇〇年までにマリア様の慈悲は七七九人に施されたという記録が残っているそうです。

このオークの木はやがてお堂の屋根を突き破るほどに成長しましたが、一八〇五年に落雷に遭い、幹の上部が吹き飛び、下部だけが残り、木の生命は終わってしまいました。しかし、枯れてしまった幹は、礼拝堂の裏手にある小さなお堂の中にガラスで囲われて大切に残されています。

＊

由緒ある木だとはいえ、すでに枯れてしまった木がこのように大切に扱われているのは、オークの木がかつてドイツ人の祖、ゲルマン人にとって神聖な木であったという思いがあるからではないかと思います。

ゲルマン人とオークについては、興味深い伝説があります。

キリスト教布教のためにイングランドからドイツにやってきたボニファーティウス（六七五頃―七五四頃）は熱心に各地を回っていましたが、七二三年、ガイスマルという村にやってきました。彼はこの村に樹齢千年を越すオークの木があり、村人がその木を異教の雷神ドーナルの宿る木（ドーナルアイヒエ）として崇拝しているという話を聞いて、改宗させようとやってきたのです。村人は彼の説教に心打たれますが、これまで拝んできた神様のことはどうしたらいいのだろうと迷います。そこでボニファーティウスはこの木を切り倒すよう従者に命じたのです。

村人はいまにも雷が落ちて神罰が下ると恐れ慄きましたが、何事も起こりませんでした。こうして村人はキリスト教に改宗したのです。

〈ゲルマン人と神木オーク〉

このガイスマル村がどこにあるのか正確には特定できていませんが、ヘッセン州のフリッツラー近郊にあるガイスマル（Geismar）ではないかと言われています。

ガイスマルはフリッツラーから約一キロメートルのところにある小さな村です。坂の上には切り倒されたオークの木で建てたという教会があります。一九九八年には村制一二七五周年を祝いました。つまり、神木が切り倒された年がこの村のはじまりなのです。

坂の下には、一九九六年に制作されたボニファーティウスの木像が立っています。手に斧を持ち、頭にはオークの実（どんぐり）を乗せたボニファーティウスの顔は優しそうです。ゲルマンの神からキリスト教の神に鞍替えした村人ですが、それをよしとしたボニファーティウスの満ち足りた心を表しているように見えました。

＊

オークには魔女と結びついた話もあります。

北ドイツのオイティーンに住む一人暮らしの貧しい老婆が魔女として処刑されたとき、彼女は地面に杖を立てて、「私は無実だ。その証拠にこの杖から緑の芽が出る」と言い、実際にそうなったといいます。その杖はオークでできていました。

＊

また、一五七五年にはこんな事件もありました。オッフェンブルク（バーデン＝ヴュルテンベルク州）の私有林でオークの実（ドングリ）が一面食い荒らされてしまったのです。

市民たちは犯人捜しを始めました。オークの実を食べて育ったブタのハムは高級品ですから、許されることではありません。多くの人々が苛酷な取り調べを受けるなか、近くに住む女たちが「悪魔とつるんでドングリを台無しにした」と自供したそうです。これがきっかけとなって、この地でも魔女迫害がはじまったとされています。

＊

オークは彫刻や家具やワインの樽などの材料になり、そのチップは皮なめしに使われ、果実は家畜の飼料になるなど、いまも昔も大変有用な木です。古代ギリシャやローマ、ケルトの社会でもオークは神木として崇拝されてきました。しかし、ヨーロッパ諸国のなかでも、現在に至るまでその思いを強く残しているのがドイツです。その証と思えるものがあります。

二〇〇二年からEU諸国で使用されているユーロ通貨ですが、紙幣のデザインはユーロ圏ですべて同じです。しかし、硬貨の裏面のデザインは各国自由です。たとえば、オークを神木同様に崇めてきたケルトの地アイルランドでは「ケルトのハープ」、ギリシャでは「船」です。

ドイツはどうかというと、五、二、一セント硬貨の裏面はすべて、葉を付けたオークの枝です。これはユーロ通貨になる前のドイツマルクの硬貨ペニヒでも同じでした。ドイツがいかにオークの木と深く結び付いているかがわかるでしょう。

ちょっと寄り道 4

死の舞踏

ローマがキリスト教を国教として受け入れたのは四世紀後半でした。ドイツは遅く九世紀になってからでしたが、ともあれヨーロッパ社会はローマカトリックを中心に動いてきました。人々は天国へ行けるよう神に祈ることを忘れませんでした。

ところが世の中では、それに水を差すようなことばかりが起こりました。絶え間ない戦争による被害、天候不順による度重なる飢饉、そして十四世紀中頃にはペストの大流行。生活も精神も疲弊の極みだったでしょう。バタバタと死んでいく人々を目の当たりにして、人々は神に対する懐疑にとりつかれました。本当に神の国などあるのだろうかと、疑いばかりが大きく膨らみました。死後の天国もいいけど、いまの生き地獄を何とかしてほしいということですね。

このような時代にあって、十五世紀になると美術の世界では「死の舞踏」というテーマが大きく取り上げられるようになりました。フランス語で「ダンス・マカベル（La Danse Macabre）」、ドイツ語で「トーテンタンツ（Totentanz）」と言います。

この言葉の謂れは、死の恐怖を前に人々が半狂乱になって踊り狂うという十四世紀のフランスの詩句にあったと言われていますが、なにより、パリのサン・ジノサン墓地の納骨堂に描かれたフレスコ画（一四二四―一四二五）が「死の舞踏」に大きな影響を与えました。

この壁画は現在はありませんが、これを模写したギュイヨ・マルシャンによる木版画（初版一四八五）が残っています。骸骨の姿で表された「死」が、立派な服をまとった王や教皇に手を差し出しています。

死の恐怖を誘うこのような絵が教会に描かれたのは、不思議なことではありません。教会は古代ローマで使われた警告の一種「メメントモリ」（死を忘れるな）を通して、人々に死と生について考えるよう説教したのです。この「メメントモリ」をビジュアル化したのが「死の舞踏」です。骸骨の姿をした死があらゆる階層の人間を死に誘う様子が描かれています。

ドイツで「死の舞踏」の絵が見られる場所をウェブで検索したら、四十二ヶ所も出てきました。寄り道としては、一つでも見られたらオーケーでしょう。

＊

〈**リューベックのマリーエン教会**〉

リューベック（Lübeck）のマルクト広場の近くに、赤煉瓦造りの荘厳なマリーエン教会があります。ここにはかつて死の舞踏の壁画がありました。十五世紀中頃に描かれたものを十八世紀初頭に教会用に模写したものでしたが、第二次世界大戦の空襲で完全に焼失してしまいました。一九五六年に復元され、いまは窓のステンドグラスで見ることができます。

笛を吹く死神を先達として、白い布を身体に巻いた死神が、教皇、皇帝、王妃、枢機卿、市長、医者、商人、農夫など二十四

リューベックのマリーエン教会の「死の舞踏」。『DER TOTENTANZ Nach dem Original gezeichnet von Robert Geissler』(Marienkirche zu Lübeck)より

人とペアを組んで行進しています。列の最後はゆりかごの中の子どもです。死は誰彼なく平等に与えられていることが表されています。

＊

〈ベルリンのマリーエン教会〉

ベルリン（Berlin）のマリーエン教会の壁に死の舞踏が描かれたのは、一四八四年でした。ちょうどペストが猛威を振るっていた時期です。裕福な市民がフランシスコ会の修道僧に依頼したものだったと推測されています。

ところが一六一四年、宗教改革の時代にこの絵は漆喰で覆われ、見られなくなってしまいました。新しい時代の宗教観に合わなかったのでしょうか。一八六〇年に発見されたときには、湿気などによって退色、変色が激しく、すっかり剥げ落ちてしまって

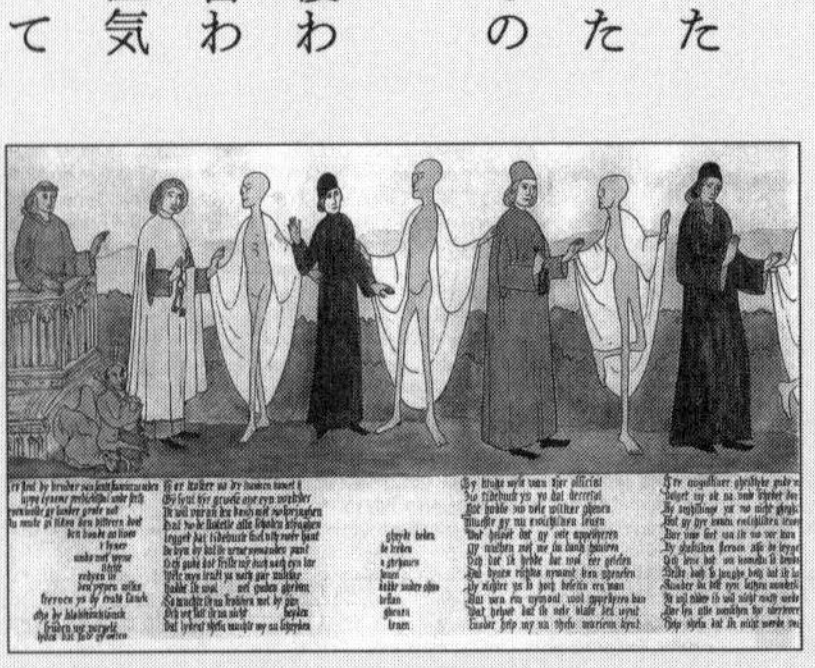

ベルリンのマリーエン教会の「死の舞踏」。『Totentanz von St. Marien in Berlin』（Der Gemeindekirchenrat St. Marien und St.Nikolai）より

いました。いまはガラス板で囲まれているので、見ることはできますが、人の姿がかろうじて認められる程度です。

また、ベルリンではもう一つ「死の舞踏」を見ることができます。絵画館（ゲメルデガレリー）に「聖ベルタンの祭壇」（シモン・マルシオン、一四五九）という絵があります。ベルタン修道院（フランス）の回廊に立って祈る僧たちを描いた絵で、この回廊の壁面に死の舞踏が描かれています。絵の中の絵です。この修道院は十九世紀中頃には廃墟になってしまったので、実際にそういう回廊があったかどうかはわかりません。

*

〈フュッセンの市博物館〉

フュッセン（Füssen）はノイシュヴァンシュタイン城へ行くバスの発着所になっていますが、市内散策に時間をとる観光客は多くありません。しかし、できれば市博物館の「死の舞踏」は見ておきたいものです。

市博物館はかつてのベネディクト修道院を利用したもので、そこにはアンナ礼拝堂もあり、入り口の上に「死の舞踏」が描かれています。絵の上には「否応なしに踊らねばならない」という題辞が書かれ、その下に骸骨と人間のペア二十組が描かれています。骸骨に手を握られた様々な階層の男女は皆、死への誘いに抵抗しているように見えます。最後の組はこれを描いた画家ヤーコプ・ヒーベラ自身です。

＊

〈ヴォンドレプのマリア巡礼教会〉

ヴォンドレプ（Wondreb）は人口四〇〇人の小さな村ですが、古文書によると、一二五九年にはすでにマリア巡礼教会が建てられています。この教会のすぐそばに木造の礼拝堂があり、その天井に死の舞踏の絵が二十八枚描かれています。一六六九年頃、近

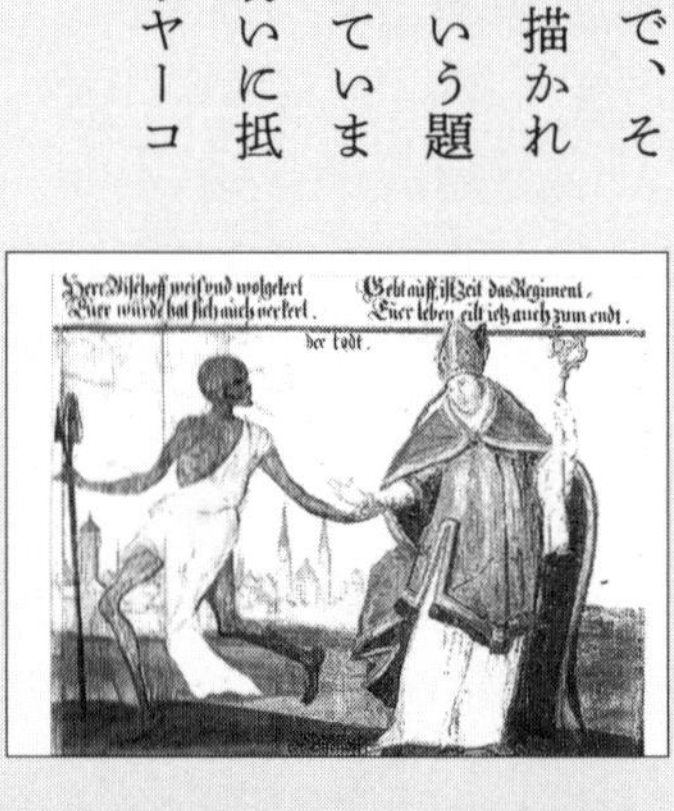

フュッセンの市博物館の「死の舞踏」。『400 Jahre Füssener Totentanz』(Museum der Stadt Füssen）より

くの修道院の平修道士によって描かれたものだと推測されています。ペストと三十年戦争（一六一八－一六四八）によって絶望的な状況にあった時代です。

絵にはそれぞれ「ヴァニタス」（人の世のむなしさ）、「メメントモリ」（死を忘れるな）、そして「レーベ・デン・ターク」（今日を生きよ）といった言葉が書かれています。死神が夜の家族団らんの場を覗いている絵の下には「死神は泥棒みたいに夜中にやってくる。許されよ」と書いてあります。死を忘れるなというより、死を覚悟せよという感じですね。

公共交通機関だけで行く場合はけっこうやっかいですが、私は訪れてよかったと思っています。

＊

死の舞踏の膨大なコレクションを所有しているデュッセルドル

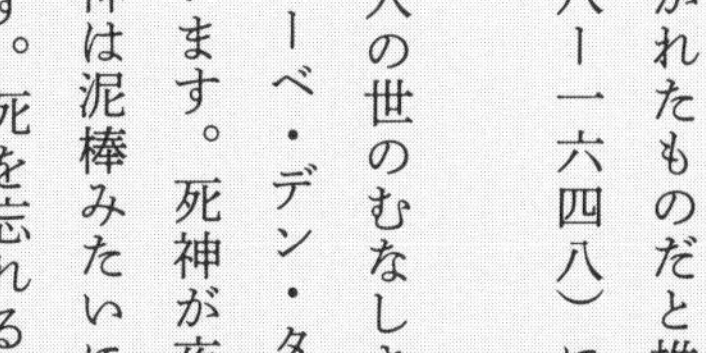

ヴォンドレプのマリア巡礼教会の天井画

フ大学（ドイツ）の援助を受けて、二〇〇〇年に東京の国立西洋美術館で「死の舞踏――中世末期から現代まで」展が開かれました。二十世紀以降も「死の舞踏」はヨーロッパ美術における大きなテーマのようです。

たとえば、大砲のそばで死神がヴァイオリンを弾いている絵や、ハーメルンの笛吹き男に似せて死神が笛を吹きながら多くの兵士たちを先導している絵があります。現代の死神は、個々の人に対してだけでなく、大量の市民たちにいっせいに襲いかかる恐怖の使者でもあります。「メメントモリ」という言葉は、いつの時代でも、どのような状況にあっても、命ある人々に訴える言葉のように思えます。

ちょっと寄り道 5

千年のバラ

バラはユリに次いで聖書によく出てくる花ですが、聖書研究家によれば、バラもユリも単に美しい花の代名詞として用いられているだけだということです。しかし、バラの花は聖母マリアのシンボルとみなされていて、絵画では両者を組み合わせた絵がよく描かれています。

たとえば、イエスを抱いた聖母マリアが満開のバラに囲まれて座っている「薔薇垣の聖母」(シュテファン・ロッホナー、一四五〇頃)がよく知られています。

バラと聖母マリア、この二つの結びつきをよく伝えているドイツの伝説を紹介します。

その昔、カール大帝の息子ルートヴィヒ一世（七七八—八四〇）は政治においては凡庸でしたが、父の信仰心だけは強く受け継いだのでしょう、熱烈なカトリック信仰者でした。それで彼は「ルートヴィヒ敬虔王」と呼ばれています。『ドイツ伝説集』（グリム兄弟、一八一六）にこんな話が載っています。

＊

ルートヴィヒ敬虔王は、冬のある日、ヒルデスハイム一帯で狩りをしていたところ、いつも首にかけていた十字架をどこかに落としてしまいました。聖遺物（聖者の遺物や遺骨など）を嵌め込んだもので、王が何よりも大切にしていたものでした。王は家来に何としても見つけ出すよう命じ、王はもし十字架が見つかったら、そこに礼拝堂を建てようと心に誓いました。

家来たちが雪の森を探し歩いていると、ときならぬ緑の草地とバラの茂みが見えました。そのバラの枝に王の十字架がかかっていたのです。

王はさっそくその地に礼拝堂を建てるように命じました。しかもバラの茂みがちょうど聖壇にあたるように造らせました。その後、バラは丁寧に育てられ、いまではその枝が礼拝堂の円天井まで伸び、毎年花を咲かせているということです。

〈「ヒルデスハイムのバラのしげみ」より要約〉

グリム兄弟は自分たちが編んだ『ドイツ伝説集』のこの話のところに、押し花にしたバラの小枝を糸でとめて、「これがそのバラである」とメモしていたそうです。ルートヴィヒ敬虔王が礼拝堂を建てたのは八一五年。その千年後、グリム兄弟はこのバラの伝説を『グリム伝説集』に取りあげました。それ以来、このバラは「千年のバラ」といわれ続けています。

＊

私も千年のバラを見てみたいと思い、ニーダーザクセン州にある伝説の地ヒルデスハイム（Hildesheim）に出かけました。ヒルデスハイムは第二次世界大戦の空襲で完全に破壊されてしまいましたが、戦後、町は再建され、敬虔王が建てさせた礼拝堂のある聖マリア大聖堂も立派に復元され、ユネスコ世界文化遺産に登録されています。

お目当てのバラの木は聖マリア大聖堂の東側の回廊に囲まれた中庭にあります。枝は内陣の外壁を覆うようにして屋根のあたりまで伸びています。このバラは「イヌバラ」という種類で、ごく普通の野バラです。花はほとんど白に近い薄ピンク色をした一重の小さな花弁です。森の空き地や道ばたによく生育し、根から出る若木は接ぎ木として利用されます。

バラの木は聖堂の壁に沿って伸びていますが、根本の部分は鉄柵で囲まれています。そばにこのバラの謂れを書いた札が立っていますが、これは『ドイツ伝説集』の話とちょっと違っていました。札の説明は、「聖遺物箱を忘れたことに気づいた敬虔王が急いで取りに戻ったところ、バラの枝にかかっていたので取ろうとしましたが、不思議なことにどうしても枝から外れません。王はそれを神の啓示と思い、そこに礼拝堂を建てました」となっていました。

*

このバラの木も第二次世界大戦末期の空襲によって一九四五年に焼かれてしまったのですが、崩れ落ちた内陣の石に守られて根は生き残り、八週間後に二十五の新しい芽が出たそうです。その後、毎年のように新しい枝が出ては花を咲かせているといいます。

根元を見ると、確かに一本の株からいくつもの枝が伸びています。それぞれの枝に誕生した年を記した札がつけられています。葉で隠れていて全部は見えませんでしたが、見える限りでは一九九一年の札が一番新しいものでした。まさに奇跡的な復活と言えます。

私が初めて訪れた季節はつぼみにも早い時期だったので、緑の葉しか見られませんでした。六月の初旬から二週間くらいが見頃だそうですが、その後何度か訪れたものの、時期が悪かったのでしょう、狂い咲きでもしていないかという期待も残念ながら叶いませんでした。いつかうまく開花のときにやってきて、散った花びらを拾い、「これがその花である」と本書のこのページに貼り付けたいと思っています。

二〇一九年にアーヘンの大聖堂を訪れたとき、その庭にそれほど伸びていない若木があり、そこにこんな札がかかっていました。「これはヒルデスハイムから株分けされた千年のバラである」と。大帝ゆかりの地で息子ルートヴィヒ敬虔王のバラの奇跡が受け入れられていたことを知って、うれしくなりました。

第3章

魔女の故郷ハルツ山地散策

魔女の故郷はどこ？

「魔女の故郷はどこだと思いますか」とドイツ人に尋ねたら、おそらく「ハルツでしょう」という答えが多く返ってくると思います。ハルツ（der Harz）とは、ドイツの中央よりやや北東に位置するザクセン＝アンハルト州を中心に、ニーダーザクセン州、チューリンゲン州の一部を含む山岳地帯です。

ここハルツ山地が魔女の故郷と言われるのは、年に一度、四月三十日の夜に魔女と悪魔が宴をしたという伝説「ヴァルプルギスの夜」の本場であり、しかも、この伝説を再現したヴァルプルギスの夜祭りが、現在も毎年四月三十日に行われているからです。この祭りにはすでに一〇〇年の歴史があり、毎年数多くの観光客がハルツ山地を訪れています。たしかに「魔女のいないハルツなんて」なのです。

＊

もちろん、ハルツ山地の魅力は必ずしも「ヴァルプルギスの夜」に限りません。春の自然の美しさは言うに及ばず、ウィンタースポーツも盛んです。ハイキングコースもふんだんにあります。

第二次世界大戦後、ドイツは東西に分断されましたが、ハルツ山地の大部分は東ドイツに組み入れられました。一九八九年に東西の壁が崩壊すると、ドイツ政府は、東ベルリン、ワイマル、ドレースデン、ライプチヒなど、旧東ドイツの歴史ある都市に大量の税金を投入して観光客の呼び込みに力を入れました。しかし、ハルツ山地の復興には時間がかかり、私が初めてハルツを訪れたときには、いたるところに廃屋があって、いまだ取り残されているのだなあと感じたものです。

それでも最近ではずいぶん復興し、観光客を呼べるようになってきました。ベルリン、ハンブルク、フランクフルト（マイン）など、ドイツの主要都市からの交通も便利になりました。とはいえ、ハルツ山地は日本ではまだあまり知られていない地域ではないでしょうか。

観光のメインはハルツ山岳地帯の最高峰ブロッケン山とそのふもとの町々です。とくに中心となる町はヴェアニゲローデとゴスラーですが、ハルツ山地全体が観光名所と言ってもいいくらい、立ち寄りたい町がたくさんあります。「ヴァルプルギスの夜」についてお伝えする前に、ハルツ山地の魅力を少し紹介しようと思います。

ハルツの要ヴェアニゲローデは魔女の町

ヴェアニゲローデ（Wernigerode／ザクセン＝アンハルト州）を初めて訪れたとき、駅のそばに「ヘックスリヒ　ヴィルコンメン（Hexlich willkommen）」という看板を目にして、ニヤリとしてしまいました。「ヘルツリヒ　ヴィルコンメン（Herzlich willkommen）」（＝ウエルカム）という挨拶を、魔女を示す「ヘクセ（Hexe）」と絡めた言葉遊びです。それを見たとき、なるほど、ここは魔女の町なのだと実感したものでした。

ヴェアニゲローデは中世には織物の産地として栄えましたが、三十年戦争やペストの流行によって寂れてしまいました。その後、産業革命によって息を吹き返し、十九世紀の終わりには、ブロッケン山の山頂まで登る「ブロッケン山岳鉄道」とハルツ山地を横断する「ハルツ横断鉄道」が敷かれました。

第二次世界大戦後、ヴェアニゲローデは東ドイツの経済政策に見捨てられたのか、一九八九年に東西の壁が崩れたときには、再び寂れた町になっていました。しかし、いまは復興も進み、崩壊寸前だった木組みの家もだいぶ修復されて、日本のガイドブックでもおすすめの町として挙げられるようになりました。

＊

さて、ホテルも決まり旅装を解いたら、町に出てみましょう。ヴェアニゲローデの町はさほど広くないので、歩いて回れます。古い木組みの家が並ぶ路地に入ると、家々の横木が、波を打ったように不ぞろいに連なっているのを見ることができるでしょう。

木組みの家は、昔の日本家屋に似て、壁は縦横の木をはめこんで支えにし、そこに土と石をつめこみ、その上を漆喰で固めて造られています。木組みは外からそのまま見えるようになっています。この木組みの模様は、無病息災を祈る模様、魔よけの模様など様々あります。

日本と違って通し柱がなく、階ごとに乗せていくようにできているので、地盤がゆるければ家は傾き、床も斜めになっていきます。その角度が極端な場合には、ベッドなどの家具の脚の長さを違えて切り取り、調整するのだそうです。波打った横木が多く使われているのは、まっすぐな木は高価だからです。観光ガイドに載っているような、豊かな彩色と木彫り模様で飾られた華やかな木組みの家とは違い、ヴェアニゲローデの木組みの家はとても素朴に見えます。それが逆に現代離れした雰囲気を醸し出していて、路地から路地を歩いていると、まるで不思議の国に迷い込んだような気分になります。

*

ヴェアニゲローデの観光名所ナンバーワンは、市内から歩いても行ける標高三五〇メートルの山の上に堂々とそびえるシュトルベルク＝ヴェアニゲローデ伯城です。十二世紀頃に建てられ、十九世紀後半に改築されたとても雄大な城です。城のテラスから見下ろすハルツ山地の眺めは抜群で、前方には魔女の山、ブロッケン山がよく見えます。

町の中心マルクト広場（マルクトプラッツ）からメインストリートのブライテ通りを歩くと、魔女グッズのお店がいくつも並んでいます。お土産に魔女人形を一つ買ってもいいかもしれません。高価なものもありますが、小さいものなら五〇〇円程度で買えます。人形だけでなく、魔女の飾りがついたペンダントにも、なかなかいい感じのものがあります。

市内散策のついでに、市壁がわずかに残っているところまで歩いてください。二〇一八年にこの壁のくぼみに魔女の慰霊碑が建てられました。一六〇九年にヴェアニゲローデの男女十五人が魔女術を行使し、悪魔と契約した罪で処刑されたのです。

マルクト広場には古くからの由緒あるホテルが二つあります。私はそれぞれに二度ずつ泊まったことがありますが、室料がけっこう高いので、いまは町の中の他のホテルもいろいろ試しています。ただし、ヴァルプルギスの夜の前後に泊まる場合は、数ヶ月前に予約しないと、どこも満室になります。

*

ハルツ山地をめぐる時間があまりないという場合は、ヴェアニゲローデ駅から路線バスで約十五分の市民公園に行ってみてはどうでしょう。ここにはブロッケン山とそのふもとの町を一望できる、大きなジオラマ公園があります。ハルツの町の主だった建物や駅舎などが実に精巧に作られていて、ブロッケン山に登るＳＬの模型も動いています。

そこから三キロメートルほど行くと、バウムクーヘンの形をした建物が目に入ります。「ハルツバウムクーヘンの店」です。ハルツ山地で最初にバウムクーヘンを作った店だそうで、時間限定でバウムクーヘンの製造過程を実演しています。カフェもありますから、ここで一休みするのもいいでしょう。店長さんと話をしたことがありますが、日本からもけっこうお客さんが訪れるということです。バウムクーヘンは日持ちしないので、お土産にするなら帰国日を考えて買いましょう。

魔女伝説の聖地ブロッケン山

ハルツ山地の主役は、何と言ってもブロッケン山（Brocken）です。ドイツ人が親しみを込めて「ブロックスベルク」と愛称で呼ぶこの山には、昔から多くの観光客が訪れています。一八七〇年頃の山頂の絵には、ロングスカートの女性が歩いていたり、男性が女性を乗せた馬を引いていたりと賑やかな様子が見てとれます。童話作家のアンデルセンや劇作家クライスト、画家ルートヴィヒ・リヒター、作家シャミッソー、作曲家シューマンと彼の妻クララなども、この山を訪れています。

ブロッケン山は「ブロッケン現象」という気象用語でも知られています。山頂は年の半分以上が霧で覆われます。そんな霧の濃い日、日の出や日没のときに山頂に立つと、自分の影が空に大き

実際のブロッケン山はもっとなだらかである。山の上空を飛ぶ魔女が描かれている。ベステホルン（銅版画）1732年。『Der Brocken』（Studio Volker Schadach）より

く映り、その周りに虹のような輪ができます。これがブロッケン現象で、ドイツ人はこれを「ブロッケンの妖怪（Brockengespenst）」と呼んでいます。

＊

ブロッケン山はハルツ山地の最高峰ですが、遠くから見るとなだらかな丘のようです。山頂は低木さえない三六〇度見渡せる平地です。その中心に大きな岩があり、そこには「ブロッケン山　一一四二メートル」と書かれたプレートがはめこまれています。登頂記念にここで写真を撮る人々が多く、ときには順番待ちするほどです。

この岩のプレートには一一四二メートルと書かれていますが、実測では標高一一四一メートルです。一一四二メートルの表記は計測するときに立てた一メートルの計測棒も含めたからだそうです。

山頂には一七三六年に旅人のための山小屋が作られましたが、現在では外観だけが残っていて、中は雪や雷のための避難場所になっています。小屋の脇にヨハン・

ヴォルフガング・フォン・ゲーテの記念碑、その近くには詩人ハインリヒ・ハイネの記念碑が建っています。ゲーテは戯曲『ファウスト』（一八三二完成）で「ヴァルプルギスの夜」（第一部）を、ハイネは『ハルツ紀行』（一八二六）でハルツ山地のすばらしさを世に知らしめた大恩人なのです。

＊

ブロッケン山一帯は自然保護区域になっていて、自動車で登ることはできません。ドイツ人はハイキング好きとあって、ハイカーがいっぱいいます。徒歩ではきついし、時間もないという人はブロッケン山岳鉄道を利用します。

ブロッケン山岳鉄道駅はドイツ鉄道のヴェアニゲローデ駅と並んであります。列車はすべて蒸気機関車です。始発のヴェアニゲローデ駅を出てしばらくは市内を走るので、路上でカメラを構えて待っている旅行者の姿が見えます。小さな駅を四つばかり過ぎると、あとは本格的な山道です。カーブが多いので、自分の乗っている蒸気機関車を写したいときは後方車両のデッキに立てば、煙を吐き吐き走る機関車の姿を捉えることができます。誰でも同じことを考えるので、早めに陣取りしておいたほうがいいでしょう。ついでに進行方向左側に座ったほうが、景色がよく見えます。

汽車はドイツトウヒやブナ、スギなどの樹林の間を縫うように登っていきます。五月なら、頂上付近にはまだ雪が残っている年もあるので、やはりコートが必要です。約一時間半でブロッケン山頂駅に着きます。運賃は高めですが、せっかくですから、山頂まで汽車の旅を楽しんでもいいでしょう。

*

第二次世界大戦後、ブロッケン山を含むハルツ山地の大部分は旧東ドイツの領土となり、一九六一年に東西ドイツの分断が決定的になると、山頂はソ連の軍事基地となって立ち入り禁止になりました。一九八九年十一月九日にベルリンの壁が崩壊すると、同じ年の十二月三日、多くの市民が「ブロッケンに自由を　市民に自由を」と書いた横断幕を持って立ち入りを要求し、ブロッケン山に自由に登れるようになりました。

翌一九九〇年にドイツが念願の再統一を果たしてから、すでに三十年以上が経ちました。私が初めてブロッケン山に登ったのは一九九六年でした。まだソ連軍の地雷が埋まっているからと、立ち入り禁止の鎖が張られた場所がありました。ハイネやゲーテが泊まったゲストハウスは第二次世界大戦の空襲で焼けてしまいましたが、その後、七階建ての「ブロッケンホテル」として再建されました。ブロッケン博物館もできて、いまでは観光客を楽しませる施設の充足に力を入れています。最初の頃と比べると大変な様変わりです。

私は新しくなったブロッケンホテルに一泊したことがあります。ブロッケンの妖怪に会えるかもしれないと期待してのことでした。ところが、その日は残念ながらものすごい強風で、一歩もホテルの外に出ることができませんでした。ホテルの人に「ブロッケンの妖怪をご覧になったことがありますか」と尋ねると、ここ数年現れないという返事でした。

＊

ブロッケン山頂駅を背に左に行くと、見晴らしのよい周遊ハイキングコースがあります。その道筋に大きな花崗岩をいくつか積み重ねたブロックが二つ並んでいます。これが「悪魔の説教壇（Teufelskanzel)」と「魔女の祭壇（Hexenalter)」です。どちらが説教壇で祭壇かは、案内板には書かれていないのでわかりません。ハガキやパンフレットの写真などを参考に推理してみたところ、どうやら向かって左側のブロックが「魔女の祭壇」ではないかと思います。名前の由来ははっきりしませんが、十九世紀中頃にハルツ山地に住んでいた作家が名付けたようです。

ブロッケン山やハルツの森では、このような大きな花崗岩が随所に見られます。この二つの巨岩は、古代ゲルマン人が豊作や狩りの成功を祈って生け贄を捧げた祭壇だったと言われています。また、ハルツ山地にはゲルマン神話の主神ヴォータン（またはヴォーダン）が子どもの頃に住んでいたという伝説や、キリスト教化に最後まで抵抗した誇り高いザクセン族は、ここハルツの森か

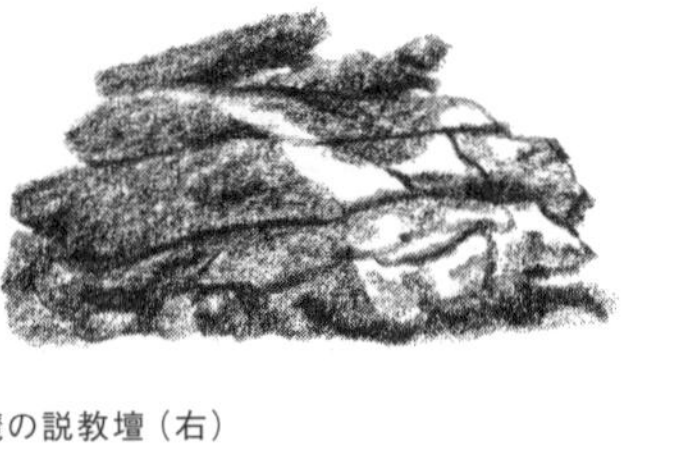

魔女の祭壇（左）と悪魔の説教壇（右）

ら生まれたという伝説もあります。

かつてハルツ山地に住んでいた人々は、自らの信仰する神々が「冬の魔」を追い払ってくれるように、そして、希望に満ちた春が来るようにと、雪を掻き分けてこごブロッケン山頂に登って祈ったのでしょう。

もう一つの魔女の町　ゴスラー

第二次世界大戦の後、ドイツが東西に分断され、ブロッケン山を含むハルツ地方の大部分が東ドイツに組み込まれましたが、ハルツ山地の西側にあったゴスラー（Goslar／ニーダーザクセン州）は西ドイツに属することになりました。よって、ハルツ山地について日本で知り得る情報のほとんどがゴスラー発でした。しかし、それもいまは昔で、東西ドイツ統一から三十年が過ぎ、旧東ドイツの情報はネットを利用すればいくらでも入手できるようになりました。そのことによって旧東ドイツだったヴェアニゲローデはハルツ山地散策の重要な拠点になり、旧西ドイツだったゴスラーもヴェアニゲローデと双璧をなす人気の高い町になっています。

＊

ゴスラーは十世紀後半にランメルスベルク鉱山を開発し、当時の神聖ローマ帝国を経済的に支える重要な地になりました。鉱山は一九八八年に閉山しましたが、現在、跡地は鉱山博物館になり、トロッコで坑内見物もできます。私は二度見物しましたが、赤や青に染まった岩壁の間をトロッコで地底深く降りていくと、そこには巨大な水車があり、往時の鉱山の様子が垣間見えて面白かったです。

この鉱山の所有をめぐってゴスラーは、ブラウンシュヴァイク（Braunschweig）を拠点とするハインリヒ獅子公と争い、一五五二年に負けてしまいます。そのときから町の発展は止まってしまったため、いまでも当時の姿を残しています。ゴスラーの家は、ドイツに多い赤いレンガ屋根と違い、ほとんどが屋根も壁も粘板岩から作られた灰色のスレートで葺かれているので、町の風景には独特な雰囲気があります。

こうした粘板岩の木組みの家も、その半分以上は一五五〇年以前にできたものだそうです。

＊

ゴスラーには見どころがたくさんありますが、私の一押しは皇帝ハインリヒ三世によって築かれた皇帝居城です。この居城はゴスラーの衰退とともに荒れ果て、そのままになっていましたが、一八七一年のドイツ帝国成立を記念して再建されました。居城の二階にある大広間の壁に描かれた六十七枚の壁画は、カール大帝の時代からヴィルヘルム一世ドイツ皇帝即位までのドイツの歴史を描いた、まさに歴史絵巻です。ドイツ史に関心のある人には必見かと思います。

ゴスラーが「もう一つの魔女の町」というのは、ヴェアニゲローデと同じくらい魔女グッズの店があり、観光客を楽しませるからというだけでなく、魔女迫害という暗い歴史もあるからです。一五三〇年から一六五七年の間に二十八人が魔女として命を奪われたそうです。

町はずれのツヴィンガー博物館には、拷問道具が展示されています。それらが実際にこの町で使われたものかどうかはわかりませんが、美しい自然に囲まれたこの町にも恐ろしい魔女迫害の歴史があったと思うと、感慨深いものがあります。

ロマネスク街道と魔女伝説

ドイツにはロマンティック街道やメルヘン街道、古城街道などといった「〇〇街道」と呼ばれるルートが一五〇以上もあるそうですが、いずれもドイツ政府観光局が、とくに日本人観光客向けに作った街道です。ドイツには一つの町で何日も過ごせるような大都市はほとんどないので、点ではなく線でつなぐ街道を作ったのです。「線で勝負」というところでしょうか。この戦略で成功した一番の街道が、ロマンティック街道です。

ロマネスク街道は、残念ながらいまのところ成功しているとは言えません。この街道はドイツ神聖ローマ帝国の初代皇帝オットー一世（在位九六二―九七三）の跡をたどるようにできていますが、オットー一世（大帝）が統治していた時代は、日本なら平安時代にあたります。ドイツや日本の歴史に興味がある人は別ですが、大昔のドイツの歴史は苦手という人もいるでしょうし、ロマネスク街道沿いの町が日本ではほとんど紹介されていないことも、人気を呼ばない原因になっているのではないかと思います。

しかし、ロマネスク街道はこうした歴史を抜きにしても訪れてみたい街道です。マクデブルク（ザクセン＝アンハルト州の州都）を起点に北ルートと南ルートの二つがありますが、ハルツ山地を通るのは南ルートです。そこには多くのロマネスク様式の修道院が点在しています。

＊

ロマネスク様式というのは、ゴシック様式より古い時代の建築様式です。ゴシック様式のように高い尖塔や細長く伸びた窓はなく、窓も入口も半円形のように造られているので外観を見ればすぐにわかります。ハルツ山地にある修道院は、一部を除いて実に素朴な雰囲気のある建物です。修道士たちがこの未開の地を開拓し、修道院を建設していった活動の歴史を感じとることができます。

ロマネスク街道の主役はその名前が示すようにロマネスク様式の修道院ですが、この街道には女性に勇気を与えてくれる町もあります。一九九四年にユネスコ文化遺産に登録されたクヴェードリンブルク（Quedlinburg）です。この町の歴史は古く、十世紀には初代ドイツ神聖ローマ帝国皇帝オットー一世の父である東フランク王ハインリヒ一世の統治下にありました。その妻であるマティルデ・フォン・リンゲルハイムは、才色健美な女性として、王に見染められて結婚しました。九三六年に夫が亡くなると、周りのごたごたや陰謀をものともせず、自らクヴェードリンブルクの統治に力を入れ、貴族の娘たちの教育の場としてクヴェードリンブルク女子修道院を設立しました。

リンゲルハイムが礎を築いた女性活躍の血は、同じクヴェードリンブルク生まれのドロテーア・クリスティーネ（一七一五―一七六二）にも受け継がれたようです。彼女は医師である父の仕事を自分の使命として、同じ医師を目指しました。当時、女性が大学に進学することは大変難しかったのですが、彼女はあきらめず、プロイセン王国に申請し、入学を認めさせました。彼女は医学博士となり、ドイツで最初の女性医師となったのです。

クリスティーネの生家がいまも市内にあります。現在はホテルになっていますが、入口には彼女のキャリアが書かれたパネルがかかっています。市内には大きな病院ドロテーア・クリスティーネ・エアクスレーベン・クリニックがあります。エアクスレーベンは彼女の夫の姓です。

イルゼ姫と魔女の住む
イルゼシュタイン――イルゼンブルク（Ilsenburg）

ロマネスク街道には、ちょっとロマンチックな魔女の伝説もあります。

南ルートにあたるハルツ山地には、ボーデ、ゼルケ、イルゼという三つの川が流れています。詩人ハインリヒ・ハイネは『ハルツ紀行』のなかで、これら三つの川について「どれが第一の美人であるかを容易に定めることができない三人の女の姿のようである」(舟木重信訳、河出書房)と書いています。渓谷やそれを囲む森の様子にはそれぞれのよさがあって、私もどの川が一番か決めかねます。ハイネは一八二四年にブロッケン山を下り、イルゼ川のせせらぎを聞きながら、イルゼンブルク(ザクセン=アンハルト州)に着きます。その途中でイルゼシュタイン(イルゼの岩)に立ち寄っています。ここが魔女伝説の舞台です。

ハルツの山城に、それはそれは美しいイルゼという名のお姫様が住んでいて、プロポーズする者が後を絶ちませんでした。その近くには魔女が住んでいて、彼女にも娘が一人いたのですが、こちらはぞっとするような醜さでした。可哀想に、この娘に求婚する男は一人としていませんでした。母魔女はイルゼ姫が妬ましくて、ある日、イルゼ姫が住む城を岩城に変えてしまい、その城の扉をイルゼ姫にしか見えなくしてしまいました。

イルゼ姫には、毎朝近くを流れる川で水浴びをする習慣がありました。ある日、そこで出会った若者を岩城に呼んでご馳走しました。それが気に食わない魔女は、今度は決まった日にしかイルゼが扉の外に出られないようにしてしまいました。この姫を魔女から救えるのは、偶然その日に同じ川で水浴をする、美と徳で彼女に引けを取らない若者だけだということです。

伝説はそれだけしか伝えていません。その後、イルゼ姫を救う若者は現れたのか、魔女やその娘はどうなったのかといったことはわかりません。童話の原型のような話ですが、腑に落ちないことだらけです。魔女は、なぜイルゼ姫ではなく城に魔法をかけたのでしょう。それに、言われているような若者が現れたとしたら、それはすばらしいことではありませんか。これでは何のために魔女が魔術を使ったのかわかりません。

この謎について、私はこんなふうに考えてみました。

イルゼ姫は異教の王の娘で、魔女は彼女の護衛役だったと解釈すれば疑問は解けます。ハルツ山地は古代ゲルマン人の故郷でしたから、キリスト教に追われた異教

の一族がここに隠れ住んでいた可能性もあったかもしれません。貴人の娘が見つからないように、岩山のどこかに隠していたとも考えられます。いつか復活することを夢見て、密かに岩山で暮らすイルゼ姫。そのイルゼ姫にふさわしい男性が現れるための見張り役が魔女だった。これは私独自の解釈です。どうでしょうか。

しかし、それを裏付けるような言い伝えもあります。この後、イルゼ姫は恋人と巡り合い、この魔法の城で楽しい日々を過ごしていたというのです。その恋人はある国の騎士だったとも、神聖ローマ帝国皇帝ハインリヒ四世だったとも言われています。ハインリヒ四世は、ローマ教皇に皇帝が屈することになった歴史的事件「カノッサの屈辱」（一〇七七）のときの皇帝です。この事件の数年前、彼は領主たちの反抗に遭い、ハルツ山地に逃げて数日さまよったことがあったそうです。ですから、そこでイルゼ姫と出会い、恋に落ちたとしても不思議はないのです。

＊

このイルゼシュタインへは、ロマネスク街道の町イルゼンブルクから行くことができます。ヴェアニゲローデ駅から電車で二つ目のイルゼンブルク駅で降りて、十分ほど歩けば町の中心に着きます。町に沿って流れるイルゼ川を川上へ二十分ほど歩くと、狭い駐車場があります。その横がイルゼシュタインへの登山口です。そばに「ハイネの道」と書かれた看板が立っています。山道はなだらかで、健脚の人なら二十分、私のように坂道の苦手な人でも四十分あれば、「イルゼの岩」に着きます。途中には、ちゃんと案内板がありますから道に迷うことはありません。イルゼ川のせせらぎに耳を傾けながら登っていくと、木々の間に巨岩の塊が増えてきます。もうすぐです。やがて峠の茶屋のようなレストランに着き、その裏手の細い道を登ると尖った頭のような形をした岩の前に出ます。ここがイルゼ姫伝説の岩城があった「イルゼの岩」です。そう言われても残念ながら、ただの巨岩にしか見えませんでした。

その岩の上には鉄の十字架が立っていて「1813」と「1814」という年号が刻まれています。対ナポレオン戦争で倒れた戦没者に捧げられたものです。ハイネは「ここに立つ人は自分の足元だけを考えるよう忠告する」と書いています。高所恐怖症の私ですが、足元だけを見て、何とか十字架のそばまで登りましたが、とても勇気が必要でした。

*

ところで、グリム童話の「ヘンゼルとグレーテル」の魔女がこのイルゼシュタインの森に住んでいるという設定で作られたオペラがあります。ドイツの作曲家エンゲルベルト・フンパーディンク（一八五四—一九二一）の「ヘンゼルとグレーテル」です。彼の妹が、自分の子どものためにこの童話をオペラ用のシナリオにして、兄のフンパーディンクに作曲を依頼しました。

童話ではヘンゼルとグレーテルは両親に森の中に捨てられるのですが、それでは子どもにふさわしくないと思ったのでしょう。シナリオによれば、食べるものを探しに森へ行くヘンゼルとグレーテルに母親が、「イルゼシュタインには恐ろしい魔女が住んでいるから気をつけて行くのよ」と注意して送り出します。初演は一八九三年十二月二十三日です。大変評判がよく、ドイツやアメリカではいまでもクリスマスの時期になると上演されています。

フンパーディンクも妹もハルツ山地とは離れたライン川沿岸の町に住んでいたので、イルゼシュタインには魔女がいるという話を何かで知ったのでしょう。

ロマネスク街道は歴史あり、女性の活躍あり、魔女伝説もありの、おすすめしたい街道です。

第4章

ヴァルプルギスの夜を旅する

ヴァルプルギスの夜の伝説

「ヴァルプルギスの夜」（日本では「ワルプルギス」ともいう）は、ドイツだけでなく、北欧にも昔から伝わる春迎えの行事です。日にちも祝い方も国によって違いますが、ドイツのものがもっともよく知られています。

ドイツの「ヴァルプルギスの夜」は、ハルツ山地の伝説として十七世紀の文献に出てきます。それによると、四月三十日の夜、魔女たちと悪魔はハルツ山地の最高峰ブロッケン山に集まって、夜通し飲み食い踊りの饗宴を開きます。暁を知らせる鶏の声が聞こえると、いっせいに姿を消し、翌五月一日から春がはじまります。つまり、悪魔と魔女は「冬の魔」というわけです。

本来、春迎えの祭りは、土着の人々が自分たちの信じる古代の神々に祈って春を呼ぶ行事でした。しかし、キリスト教がヨーロッパで勝利すると、古代の神々は異教の神として排除されたばかりでなく、冬の魔、つまり悪魔や魔女にされてしまったのです。この悪魔と魔女がヴァルプルギスの夜の主役です。

ヴァルプルギスの夜、ハルツ山地には思い思いの扮装をした魔女と悪魔が姿を現します。夜が明ければ春です。春を待ちわびるドイツ人にとって、冬の魔を追い払うのが古代の神様であろうと、キリスト教の神様だろうと、どっちでもいいのかもしれません。

＊

十九世紀の終わり頃、ハルツ地方の主だった二つの町シールケとターレが中心となって地域振興を目指し、ハルツ同盟を発足させました。その一つとして考え出したのが、伝説にしか残っていなかった、この「ヴァルプルギスの夜」を新しい春迎えの祭りとして再現させることでした。

一八九八年にブロッケン山頂で行われたこの最初の祭は大成功でした。一九〇一年にはブロッケン山頂行きの特別列車も走り、大変盛大な祭りになりましたが、その結果、山が荒らされてしまいました。そこで、ハルツの領主シュトルベルク・ヴエアニゲローデ伯は山頂での祭りを禁止しました。それ以来、祭りはふもとの町や村で行われるようになったのです。現代のヴァルプルギスの夜は、第二次世界大戦の間、一時中断されましたが、戦後すぐに再開されています。

一九九八年には「ヴァルプルギスの夜百年祭」が盛大に行われました。いまではハルツ地方の五十を越える市町村が参加しています。ハルツ地方こそ「ヴァルプルギスの夜」の正真正銘の本場なのです。

とくに、ブロッケン山のふもとの町はこぞってこの夜を祝います。祭りは夕方六時頃から夜中の十二時頃まで続きます。午後早い時間は子どものための祭りです。どの町も趣向を凝らし、この夜を演出します。大々的なイベントを企画したり、ホテルに地元の人だけが寄り集まって仲間たちで祝ったり、子ども向けの催しに力を入れたりと様々です。いずれにせよ、この夜ハルツには魔女があふれます。現代のヴァルプルギスの夜は春を迎える楽しい祭りの側面が大きくなっています。

ハルツには高層ビルなどありません。ネオンサインが夜を彩ることもありません。ひっそりした町の佇まいは、いつ来ても心底いいなと思います。そんなハルツが最高に華やぐのがヴァルプルギスの夜なのです。

時は現代、今日は四月三十日。さあ、魔女たちの待つハルツへ向かいましょう。

「ヴァルプルギスの夜」の開催地を訪ねる

元祖のプライドを感じる祭り ―― シールケ（Schierke）

シールケ（ザクセン＝アンハルト州）は標高六八五メートル、ブロッケン山に一番近いふもとの町です。一九六一年にドイツが東西に分断されたとき、西からの道路はすべてこの村の入口で封鎖され、シールケは東ドイツの領域になりました。東西統一が成って三十年、町は活気を取り戻し、ウィンタースポーツの盛んな町としてホテルやペンションが驚くほどたくさん並んでいます。そして、何より元祖ヴァルプルギスの夜の本場としてのプライドがあります。その理由は後で説明します。

＊

シールケに行くにはＳＬを利用するか、いくつかの町から運行されているバスを利用します。車の場合は、会場付近での駐車場確保が大変です。この日はバスも自動車も町外れの大駐車場でストップします。そこから坂道を上って祭りの行われる広場まで歩きます。ホテルやペンションのベランダや窓には、手製の魔女人形が飾られています。日本で例えるなら、年に一度の七夕飾りのような感覚でしょうか。

参加者を待つシールケでは、昼頃にはすでに会場が設営され、コンサート会場では音合わせもはじまります。屋台にはすでに人々が群がり、ビール片手にポテトや焼きソーセージ、きのこ炒めなどを食べながら談笑しています。メートという飲み物もあります。これは古代ゲルマン人が好んで飲んだもので、蜂蜜を発酵させたお酒です。甘くて飲みやすいのですが、私には相当強くて、頭がボーとしてしまいます。

＊

一九九九年の四月三十日のヴァルプルギスの夜は、ゲーテ生誕二五〇周年ということで、テレビ局も力を入れたようです。シールケのホテルをスタジオにして、科学者、歴史学者、作家、ジェンダー研究家、地質学者などが集まり、魔女について徹底的な討論をテレビ中継しました。ゲストはそれぞれの立場から自分の国が過去に行った魔女迫害について延々と語り、「邪悪な魔女なんて実際はいなかったのだ」と語っていました。ヴァルプルギスの夜を単なる観光用の祭りにしてしまってはいけない、という彼らの思いが徹底して伝わってきて、すごいと思いました。あれから二十年が経ちました。その思いはまだ受け継がれているのでしょうか。

二〇〇〇年頃までは中世を舞台にしたお芝居やエスニックな曲を聴かせる演奏が祭りを盛り上げていましたが、けっこう大掛かりなものだったので、経済的な問題があったのか、いまではそのようなお芝居はなくなりました。代わりに何組ものバンドが演奏する賑やかな舞台になりました。私はドイツの現代ミュージシャンのことは知らないので何とも言えませんが、舞台前では熱狂した観客が手拍子したり、踊ったりしているので、きっと人気のバンドか流行りの曲なのでしょう。

素朴だがあたたかい祭り ―― ヴェアニゲローデ（Wernigerode）

この日、市庁舎の前では市が開かれ、昼に市長が祭りのはじまりを告げると、魔女たちはヴェアニゲローデからシールケの会場に向けて行進をはじめます。約六キロの山道です。全員、落伍せずに行けるのかしら。私には無理です。

さて、魔女たちが出発した後は、市内に設営された祭りの準備に力が入ります。ここのヴァルプルギスの祭りは若者向けの賑やかな春迎えのイベントです。会場になるニコライ広場にはゲーテの『ファウスト』に登場する主人公ファウストと悪魔のメフィスト、魔女などの銅像を配置した噴水があります。メインストリートの両側には魔女グッズの店やレストランが並んでいます。

お土産には魔女人形もいいですが、「フルークベンツィン（飛行用ガソリン）」というお酒が面白いかもしれません。ほうきにまたがった魔女の形をしたガラスの酒瓶に入っています。少々アルコールの強い薬用酒ですが、空を飛んだ気分にさせてくれるかもしれません。

レストランのメニューには「魔女ランチ」とか「悪魔のステーキ」といった料理もありますが、特別どうということのない一皿料理なので、ちょっとがっかりするかもしれませんね。

二〇〇九年から、ヴェアニゲローデ城のバルコニーでもヴァルプルギスの夜が開かれるようになりました。中世の市場を再現するのがテーマですが、もちろん魔女や悪魔、騎士姿の人々がやってきます。バルコニーの中央に設営された舞台では、興行師たちによる歌や踊り、火のついた棒を使ったファイヤーパフォーマンスなどが行われます。夜中近くになると主に子どもが対象の魔女のコンテストが行われます。第一回の優勝者は私の知り合いのお孫さんでした。家族全員で大喜びしました。シールケにはない、こじんまりとした祭りですが、それなりに雰囲気があり、参加してもいいのではと思います。

魔女の踊り場 ―― ヘクセンタンツプラッツ（Hexentanzplatz）

ターレ（Thale／ザクセン＝アンハルト州）は、ハルツ山地の東を流れるボーデ川沿いにある町です。四月三十日、駅前のインフォメーションセンターでは、職員が赤鬼のような悪魔や派手な格好の魔女に扮し、けっこう気合を入れてチケットを売っています。ここで入場券を買うと会場入り口で買うより安くなります。

インフォメーションセンター近くから出ているバスかゴンドラを利用して祭りの会場へ向かいます。会場はボーデ川を見下ろす標高四五四メートルの崖の上の台地「ヘクセンタンツプラッツ」。訳せば「魔女の踊り場」です。これは祭り用に作られた名前ではありません。出来過ぎと思うかもしれませんが、れっきとした地名なのです。この名前については、こんな言い伝えがあります。

昔、この地には、ヴァーテリンデという魔女が住んでいて、森にやってくる娘たちを誘っては仲間にしていました。あるときヒルダという娘が薬草摘みに森にでかけました。彼女の母親はキリスト教に改宗したばかりだったので、昔ながらの異教の風習を捨ててはいませんでした。薬草を探しだす呪文や、効果抜群の薬草が月夜に採れることなどを娘にたっぷり教えていました。

ある日、母親の教えに従ってヒルダは薬草摘みに夢中になり、気づくと森の奥へと入り込んでいました。そのとき、大きな黒猫が現れ、猫なで声でヒルダを誘おうとしました。しかし、ヒルダは猫の目に宿る邪悪な光に気づいて逃げ出し、道に迷ってヘクセンタンツプラッツに入り込んでしまいました。すると黒猫は世にも恐ろしい魔女の姿に変身しました。その場所は、魔女ヴァーテリンデの本陣だったのです。絶体絶命、ヴァーテリンデがいまにもヒルダに襲いかかろうとしたとき、ヒルダは十字を切って主の名前を唱えました。すると激しい風が起こり、魔女は吹き飛ばされて石になりボーデ川に沈んでしまいました。

村人たちは、いまでもヘクセンタンツプラッツの頂上に霧がかかると、「見ろ、ヴァーテリンデが魔女たちと踊っているぞ」とささやきかわすということです。

*

この話は地名由来の伝説ですが、それだけではないものが読みとれるように思います。

ヴァーテリンデは、本当は魔女なんかではなく、キリスト教以前の世界に住む異教の女性だったのではないか。彼女は、異教の風習による薬草摘みの秘訣を知っているヒルダのような娘を仲間にしたかったのではないか。ところが、キリスト教にとってヴァーテリンデのような異教徒は倒すべき敵だったため、ヴァーテリンデを恐ろしい魔女に仕立てあげ、「十字を切れば魔女も退治できる」というキリスト教の宣伝のような話にしたのではないか。

裏目読みが過ぎるかもしれませんが、ハルツ地方にはゲルマン神話やザクセン人についての言い伝えがいくつも残っていることを考えると、こんな読み方もできるのではないかと思ったりもします。それにしても、薬草を摘むときの呪文ってどんなものだったのか、知りたいですね。

*

ともあれ、現在のヘクセンタンツプラッツには、現代の魔女たちが大挙してやってきて踊りを楽しみます。広場には大きな石を輪のように並べた「魔女のリング」があり、その石の台座には大きなブロンズでできた得体の知れない動物たちが座っています。彼らと向き合って、髪をポニーテールにしたブロンズの魔女が石にもたれています。この魔女のモデルがヴァーテリンデかどうかはわかりませんが、彼女は肩にはネズミを座らせ、鼻をツンと上に向け、肉付きのいい身体でお尻を突き出しています。その出っ尻の上にはイボが彫り込まれ、クモまで這っています。

魔女迫害の時代に魔女たちは、身体のどこかに魔女の印があるはずだと隅々まで検査されました。針で刺しても血が出ないとか、痛がらなかったら魔女の証拠だとされたのです。アザやイボは魔女の印でした。とくにイボは魔女の乳首だと見なされていました。ハルツに来たら一つくらいは魔女人形を買ってみたくなるでしょう。ハルツには当然魔女人形を売っている店がたくさんあります。どれを選んでも魔女人形の顔にはイボが付いているはずです。

*

さて、祭りがはじまるまであたりを散策してみましょう。階段席が半円型に広がる野外劇場は舞台の後ろが絶壁になっていて、遠くには、ターレの畑や町が見えます。すばらしい借景です。ヴァルプルギスの夜には魔女のコンサートや趣向を凝らした魔女に関係する演目が上演されます。

劇場のそばにヴァルプルギス・ハレという小さな資料館があります。正面に立つと入り口の上方にゲルマン神話の主神ヴォーダンのお面が飾られています。この資料館は、ゲルマン神話に心酔している画家ヘルマン・ヘンドリック（一八五四―一九三一）が私財を投じて作ったものです。彼はゲルマン神話の主神ヴォーダンの伝説があるこの地を選んだのです。

広場で行われる催しは年々派手になっています。最近ではレーザー光線を使った光の乱舞や、空中で行われる春の女王と悪魔の決闘など、大掛かりなイベントもあります。伝統を重んじるシールケに対して、ヘクセンタンツプラッツで開催されるヴァルプルギスの夜の祭りは、観光客を意識したサービスを目指しているように思います。華やかな祭りを楽しみたいと思う人はここがいいでしょう。

地元の人のための祭り——ゴスラー（Goslar）とその周辺

ゴスラー（ニーダーザクセン州）のマルクト広場で開催されるヴァルプルギスの夜は賑やかです。広場にあるいくつかのレストランの店先の飾りも品よく、屋台の料理もまあまあの味です。ビール好きな人におすすめしたいゴーゼビーアがこの広場のビール醸造所で飲めます。ゴーゼビーアはライプチヒ産と思われているようですが、本家はゴスラーです。ゴーゼビーアはコリアンダー（セリ科）と塩の効いた独特の味の地ビールで、私は大好きです。以前は、市内を流れるゴーゼ川の水で作っていたようですが、鉱山開発とともに川に鉱毒が流れ込み、いまは市民の飲み水と同じ上水道を利用しているそうです。

＊

ゴスラー市内からバスで二十分弱のハーネンクレー（Hahnenklee）の祭りも評判が高いです。きれいなため池のそばが会場で、子どものための魔女の体験コーナーや魔女行進などの催しがあります。また、ゴスラーから車で三十分強、電車だと一時間半ほどかかりますが、バート・グルント（Bad Grund）の祭りもなかなか面白かったです。夜になると人々が町はずれの岩山まで松明を持って登り、そこでは市民による野外劇が行われます。私が行ったときは、三十年戦争でスウェーデン軍に抵抗した町の歴史がテーマでした。敵は、消えてほしい冬の魔ではなく、自分たちの町を荒らしたスウェーデン軍なのです。

祭りは、小さな村なら村人が中心の祭りになります。そのような祭りにいくつか行ってみたことがあるのですが、村人だけが楽しんでいて、誰にも声をかけてもらえず、よそ者感覚を味わいました。ホテル主催の祭りはどうだろうと申し込んだこともありましたが、ここでも「どうしてこんな村のホテルに東洋人が一人で？」と不審な目を向けられて、なんとなく居心地の悪い思いをしました。

しかし、ひょっとしたら外国人には英語でないとダメなのでは、と躊躇されたのかなあと後で思いました。当時はドイツでも英語の苦手な人たちがいましたから、拙くても、私のほうからドイツ語で話しかけていればよかったのかもしれません。

＊

ハルツ山地のヴァルプルギスの夜はこんなふうに過ぎていきます。夜中の十二時を過ぎ、五月一日になると春の踊りに移ります。すでに「マイバオム（Maibaum）」を立てている町もあります。マイバオム（五月柱）というのは、春の初日の五月一日に町の広場などに立てられる樹木のことです。その木の下で人々が無病息災を祈って踊るという習慣があります。このマイバオムはいまも多くの町で見かけます。

五月一日は祝日です。町は閑散としてほとんどの店は閉まっています。

祭りは年々規模が大きくなり、観光化されてしまったと嘆く声もあります。客を呼ぶためには避けられない運命です。ブロッケン山頂での祭りはいまも禁止されているので、がっかりする観光客もいますが、ハルツの山中のどこかで密かにこの夜を過ごす人たちもいるみたいです。

*

現代の祭りは大規模で派手で、豪華で刺激的でないと人気が出ないようです。花火も数が多いだけではダメで、豪華さが求められるようになりました。イルミネーションも華やかなアミューズメントパークみたいに色とりどりで、とてつもなく明るくてきれいなほうが好まれるのです。集まった人々に熱気を与えられないような祭りはダメなのです。そんな祭りに慣らされてしまった人にとっては、ハルツのヴァルプルギスの夜の祭りは物足りなく感じるかもしれません。でも、お金をかけた豪勢な祭りばかりが祭りではありません。観光客のための祭りもあれば、そこに住む人々のための素朴な祭りもあるのです。

なにせ五十は越える市町村がそれぞれ独自の形で行うイベントですから、どの町を訪れるかはハルツの公式サイトと地図を頼りに、好きに選ぶとよいでしょう。数ヶ月前からそれぞれのスケジュールが公開されます。選ぶのが面倒だという場合は、観光客がたくさん集まる町のほうが気楽でしょう。ヴェアニゲローデやシールケ、ヘクセンタンツプラッツ、ゴスラーが難のないところでしょうか。万一はずれだったら、次の年には別なところに行ってみましょう。

＊

四月三十日は、名前こそヴァルプルギスの夜と銘打っていますが、最近では前夜祭も含めて完全に春迎えを楽しむ祭りになっています。私は毎年四月三十日にはハルツのどこかでこの夜を過ごしてきました。そして、ハルツという地域が受け継いできた昔ながらの素朴なヴァルプルギスの夜が、だんだん様変わりするのを見てきました。最近はその変化もいいのかもしれないと思うようになりました。春の到来を待ちわびるドイツ人の強烈なエネルギーを感じることができるからです。

残念なことに、二〇二〇年は世界を襲った新型コロナウィルスの蔓延で、ドイツでのヴァルプルギスの夜はすべて中止となってしまいました。二〇二一年は大丈夫だろうかと気をもんでいます。四月三十日は日本ではゴールデンウィークにありますから、航空券は高いけれども、休みは取りやすいでしょう。万障繰り合わせて、魔女の故郷ハルツ地方に飛んで行けたらいいですね。

プレトーリウス『ブロッケスベルゲの仕業』

「ヴァルプルギスの夜」伝説についての文献は、ドイツの民俗学者ヨハネス・プレトーリウスの『ブロッケスベルゲの仕業』（一六六八）が最初だと言われています。ブロッケスベルゲというのはブロッケン山の別称です。

プレトーリウスの本の綴じ込み絵によれば、ブロッケン山の山頂では悪魔ウーリアーンが大きな樽の上に座っています。多くの男女が悪魔に挨拶しようと山頂めざ

プレトーリウス『ブロッケスベルゲの仕業』
(Blokes-Berges Verrichtung.1669年版)の綴じ込み絵

して列をなしています。ウーリアーンの手先である伝令官が、火の吹き出た両手を挙げて人々を先導しています。テーブルに座った悪魔の化身である雄山羊もいて、その尻にキスをしている女や、大きな羽を広げた大きな悪魔が壺にまたがって大小便を垂れ流している姿も描かれています。雄山羊や二又の槍にまたがり空を飛んでやってくる女たちもいます。

悪魔と魔女の宴の様子については、様々に伝えられています。たとえば、魔女たちがこの一年間どんな悪いことをしたかを悪魔に報告する。塩なしのカビだらけのパンを食べる。赤ん坊を殺して煮詰めた飲み物を飲む。踊り狂ってどんちゃん騒ぎをする。どんちゃん騒ぎのことをドイツ語で「ヘクセンケッセル（魔女の大釜）」と言います。最後は悪魔とよからぬ快楽にふけったそうです。

十六世紀後半になると、魔女裁判にかけられた「魔女」たちは、このような悪魔との宴（サバト）に参加したと自供するようになります。サバトは年に何回か行われ、人里はなれた森や山で開催されたと伝えられています。ヴァルプルギスの夜もサバトの一種だという見方もありますが、私は古代の素朴な春迎えの民間行事が、キリスト教の立場から作りかえられていったもので、もとは民俗的な風習だったものではないかと考えています。
　ハルツ地方は、キリスト教の目の上のコブ、ザクセン人のテリトリーだったので、キリスト教化が遅かった地域です。「ヴァルプルギスの夜」は、のちに魔女迫害に利用されるようになりましたが、地元の人々はこの伝説をキリスト教側の思惑通りには受け止めてこなかったように思われます。そんな雰囲気を伝えている伝説をいくつか紹介します。

　ドュルベック村に住む二人の若者がこの村には魔女が何人いるのだろうと思い、ヴァルプルギスの夜に空を飛んで行く魔女の数を数えようと野原で待っていました。夜中になると魔女たちが続々とブロッケン山めざして飛んでいきます。自分たちも行きたいなぁと思っていると、その中に知り合いの農婦が馬なしの荷車に乗ってやってきたので、連れていってくれるよう頼みます。彼女は若者を乗せて一緒にブロッケン山へと飛んでいきました。若者たちは山頂で悪魔と楽しい時間を過ごし、シャルマイ（羊飼いの吹く木管楽器）を土産にもらって帰ってきました。翌朝、そのシャルマイは猫のしっぽになっていました。

〈ドュルベックの若者〉

女房とその母親が空飛ぶ薬を飲んでヴァルプルギスの夜にでかけたのを知った男が自分も行ってみたくなりました。女たちの部屋に入って、飲み残しの薬を失敬しますが、空飛ぶ呪文をよく知らなかったので、なかなかうまく飛べず、あちこちぶつかりながらも何とか飛んでいって参加できました。

〈ブロッケン山へ〉

隣人たちから「おまえのかみさんは魔女だぜ」とさんざん言われていた村の鍛冶屋は、四月三十日の夜は徹夜で仕事だと女房に告げます。しかし、女房は眠くてたまらないと愚図って寝室に入ってしまいます。しばらくして旦那が部屋に入ると、確かにベッドは膨らんで、女房が寝ているように見えましたが、旦那が布団をはがすとそこには大きな藁束がありました。

〈鍛冶屋の女房〉

これらの伝説によると、ヴァルプルギスの夜に参加できるのは原則として女だけのようです。参加したのは、特別変わった女たちではありません。冬が終われば、春の畑仕事が待っています。その前にこの夜だけちょっと羽目を外して楽しみたい。男たちはそれを苦々しく思いながらも、彼らにはうかがい知れない世界を持っている女たちが羨ましくてならない。男たちも何とか参加したくてしかたがない。村の女たちだけの祭りに興味津々なのです。

このように読んでみると、邪悪で不気味なサバトとは違った世界が見えてきます。しかし、現実に魔女迫害がこの地方をも襲うようになると、たくさんの人々が魔女として捕らえられ、処刑されていくようになりました。ハルツの年代記によれば、十六世紀から十七世紀にかけて、八千人が魔女として火あぶりにされました。一五四〇年、エルビンゲローデという小さな村のグレーテ・ヴォロワテという女性がハルツにおける最初の犠牲者だそうです。

ゲーテが『ファウスト』で描いたヴァルプルギスの夜

「ヴァルプルギスの夜」が本当はどんなものであったかはわかっていませんが、ゲーテはこの夜のイメージを戯曲『ファウスト』のなかで詳細に描いています。

ゲーテは『若きウェルテルの悩み』(一七七四)で一躍有名になり、一七七五年にはヴァイマル(Weimar/チューリンゲン州でハルツ山地の近く)のカール・アウグスト公に招聘されて枢密顧問官(宰相)にまでなりました。ゲーテは文学や政治の世界だけでなく、自然科学の世界でも重要な研究論文を発表している、まさにマルチ人間でした。彼は植物学や地質学の研究のためにしばしばハルツ山地を訪れ、ブロッケン山にも登っています。文学者としてのゲーテは現地で多くの伝説を採取し、それを『ファウスト』の「ヴァルプルギスの夜」の場面に生かしています。

ファウストの恋人マルガレーテは彼の子を産みますが、ファウストは行方をくらませてしまいます。マルガレーテは悲しみと狂気のなかで子どもを殺し、獄舎に繋がれます。ファウストはそんなこととはつゆ知らず、悪魔のメフィストに連れられてヴァルプルギスの夜の祭りにやってきます。

エーレント村からシールケ村にさしかかり、ブロッケン山を目指して飛んでいく魔女たちを見て、ファウストは「あの山の上のほうへ行ってみたいな」と言うのですが、メフィストは「ここで一休みしようぜ、踊ったり、しゃべったり、煮たり、飲んだり、いいことしたりしてさ、ここよりいいところが他にありますかね」と言って、シールケ付近から脇道に入ります。

そこにはいろいろな魔女がたむろしていました。ファウストはだんだんと魔女たちに興味を示しはじめ、いつしか我を忘れて、魔女たちのなかで一番美しい魔女と踊り出します。やがてこの魔女の口から赤いネズミが飛び出したのを見て正気に返ります。ハルツ山地には「赤いネズミを吐き出す魔女」という言い伝えがあったようで、ゲーテはそれをここで取り入れたのです。

＊

ファウストは結局ブロッケン山には行かずに、ハルツを去りますが、この場面によってシールケやエーレントの名が知られるようになりました。シールケがヴァルプルギスの夜の本家を名乗るのは、これによっているのです。

エーレントの薪の山

昔、魔女グッズを売っているお店の店主キャロラインさんを紹介してもらったことがあります。彼女はゲッティンゲン大学で魔女迫害の研究をしてきた女性で、当時はこの地域で時々魔女に関する講演会を行っていました。

彼女の話のなかで忘れられない言葉がありました。

「ヴァルプルギスの夜になぜ魔女人形を火に投げ込むのでしょうか。私は魔女ではなく雪だるまを燃やせばいいと提言しているのですが、誰も耳を貸してくれないのですよ」

ファウストがやって来たこのエーレント（Elend／ザクセン＝アンハルト州）という村は、古くは魔女人形を火に投げ込むことで知られていました。魔女迫害の歴史を考えれば、魔女人形の火あぶりはもう終わりにして当然です。しかし、それを目当てにやってくる観光客もいます。悲劇的な歴史を負った伝統行事が観光として生き延びていくためには、どうあればいいのでしょう。

最近は、設営された薪の山の上には、魔女人形ではなく雪だるまかと思うような人形が吊るされています。雪だるまなら、「冬の魔」とされるからよいと思ったのでしょうか。それとも、キャロラインさんの提言が受け入れられたのでしょうか。このようなジレンマをハルツに住む女性たち、あるいは魔女迫害に関心を持つ人々がどう解決していくのかは、とても難しい問題だと思います。ちなみに薪の山の上に人形を吊るすのは、エーレント以外であまり見たことがありません。

＊

ヴァルプルギスの名の由来

「ヴァルプルギスの夜」について紹介してきましたが、「ヴァルプルギスってどういう意味ですか」と聞かれることがあります。よくある説明では、イングランド出身の聖ヴァルプルガにちなんだという説です。彼女は七七九年（あるいは七八〇年）に亡くなっていますが、八七〇年に彼女の遺骸がアイヒシュテットの大聖堂に移され、それを契機に列聖（聖者として認定されること）されました。その日が五月一日で、「聖ヴァルプルガの祝日」であるということがこの説の根拠とされたようです。

列聖の理由は、彼女が行ったいくつかの病気治癒が奇跡と認定されたためです。聖ヴァルプルガは魔よけの守護者だからとも言われますが、この場合の魔は、病気や貧困であって、魔女除けとは違います。「ヴァルプルギスの夜」が反社会的な悪魔と魔女の忌まわしいサバトとして魔女迫害の理由付けにされたのは、異端諮問から魔女裁判に移行する十四世紀以降のことなので、聖ヴァルプルガとは直接関係ありません。ヴァルプルガが生きていた時代は八世紀後半ですから、彼女とこの夜の結びつきについて魔女をキーワードにするのはどうなのかと私は考えています。

＊

ゲルマン人の風習や習慣を伝えた『ゲルマニア』(タキトゥス、紀元九八）によれば、古代ゲルマンの羊飼いや炭焼き、農夫たちは住まいの近くにある一番高い山に登って神々に感謝し、その際、豊作や狩りの成功を祈り、石の祭壇に生贄を捧げたそうです。これは、キリスト教以前の行事ですが、このような儀式は何と呼ばれていたのでしょう。単に豊作祈願とか春の祝いとか呼んでいたのでしょうか。

しかし、すでに一六六八年の文献『ブロッケスベルゲの仕業』では四月三十日を「ヴァルプルギスの夜」と呼び、魔女と悪魔のみだらな夜（サバト）だと伝えています。すると、ヴァルプルガが聖者となった八七〇年から魔女迫害がはじまるまでの間に、この夜の名前が付けられたということになるのではないでしょうか。誰が言い出したことかはわかりませんが、キリスト教の世界観から生まれたのは間違いないでしょう。

ただ単に五月一日が祝日だったからなのか、あるいは魔女と関連させるような何かが聖ヴァルプルガにあったのか。彼女がどんな女性だったのか、その生涯の一端だけでも追いかけてみようと思いました。

＊

ヴァルプルガ（あるいはヴァルブルガ）は、七一〇年にウェセックス（現デヴォン／南西イングランド）の裕福な家で生まれたとされています。十歳頃から信仰の道に入りました。叔父である聖ボニファーティウス（六七三―七五四／七五五）は、キリスト教布教のためフリースランド（現オランダやドイツの北海沿岸）やドイツに向かい、ヴァルプルガの兄二人も要請されて、ドイツへ行きます。このことはまだ幼かったヴァルプルガに強い印象を与えたようです。彼女も二十六歳頃に兄たちのいるドイツへ向かい、兄のヴニバルトが七五二年に創設した修道院のあるハイデンハイム（南ドイツ）に落ち着きました。彼女はこの修道院を、当時としては珍しい尼僧も一緒に暮らして宗教生活をする「二重修道院（ドッペルクロスター）」にし、尼僧のための活動の場を作りました。これはヴァルプルガの大きな功績とされています。彼女は兄ヴニバルト亡き後もここに留まり、七七九年（あるいは七八〇年とも）にこの地で亡くなりました。

*

ヴァルプルガを知るには、まずこの尼僧院を訪れてみようと私は思いました。そこで、このハイデンハイムという町がどこにあるのかを調べました。いまでこそネットでいくらでも情報を得ることができますが、二十年以上も前のことです。とりあえずドイツの権威ある百科事典で調べてみました。するとヴァルプルガの墓は「ハイデンハイム・アン・デア・ブレンツ（Heidenheim an der Blenz)」にあると書かれていました。

そこで、ブレンツの観光局にヴァルプルガの墓の場所を手紙で問い合わせました。すると「私たちの町にはヴァルプルガの墓はありません」という返事が届きました。

そうなのか、もう大昔のことを追うのは無理なのかと諦めかけていた頃、「ハイデンハイム・ミッテルフランケン（Heidenheim Mittelfranken）」の教会の牧師さんから手紙が届きました。「ぜひいらしてください。交通の便が悪いので、最寄りの駅まで車で迎えにいきます」という内容でした。

なんと百科事典が間違っていたのでした。ハイデンハイムには「ブレンツのハイデンハイム」（バーデン＝ヴュルテンベルク州）と「ミッテルフランケンのハイデンハイム」（バイエルン州）の二つがあったのです。ブレンツの観光局の職員が調べてくれて、私の手紙を親切にもミッテルフランケンの教会に転送してくれたのでした。ブレンツ観光局とミッテルフランケンの牧師さんに心から感謝しました。こうして私はヴァルプルガの墓を訪れることができました。

＊

ハイデンハイム・ミッテンフランケンは人口三千人に満たない小さな町でした。ヴァルプルガの次兄ヴニバルトの創設した修道院はマルティン・ルターによる宗教改革の時代にプロテスタント教会になり、現在はハイデンハイム教会（ヴニバルト教会）として信徒たちに親しまれています。

教会に入ってすぐ左手にヴァルプルガ礼拝所があり、その中央に彼女の石製の棺があります。棺の蓋には横たわるヴァルプルガの姿が浮き彫りになっていて、両側には天使が二人、ヴァルプルガの頭に冠を乗せようとしています。

祭壇の後方にはヴァルプルガとその兄二人と父（彼は実際にはドイツに来ていない）、そして聖ボニファーティウスの五人の像を彫った大きな銅板があります。一九八一年制作の新しいものです。祭壇の前にヴニバルトの石棺があります。

ここで私は、牧師さんから思いもかけないことを聞かされました。この教会にある石棺はヴァルプルガの記念碑であって、本当の墓はアイヒシュテットにあるというのです。ヴァルプルガの死後一〇〇年ほどして、彼女の遺骸はすべて掘り起こされて、アイヒシュテットに移されたそうです。アイヒシュテットはヴァルプルガの長兄ヴィリバルトが初代大司教となった大聖堂のある町です。

帰り際、牧師さんは「ぜひアイヒシュテットにいらしてください。ヴァルプルガの墓ばかりでなく、彼女の兄さんの大聖堂も大変立派ですよ」と言われ、私は必ず行きますと約束しました。

＊

二年後、私は牧師さんとの約束を果たしました。まず、ヴィリバルトの大聖堂をお参りした後、ヴァルプルガの墓がある教会「聖ヴァルブルク修道院教会」を訪れました。敷地は広く、修道院や教会、そしてヴァルプルガの墓所が並んで建っています。まず墓所の外階段から二階に上がってみました。中に入った途端、壁という壁に奉納画がびっしり貼ってあるのにびっくりしました。もっと驚いたのは、壁に取り付けられたショーケースのようなものの中いっぱいに、蝋でできた膝部、足、腕が飾られていたことです。見た瞬間不気味な気持ちに襲われましたが、これは聖ヴァルプルガの奇跡的な治癒力に預かった人々が献納したものだそうです。

聖ヴァルプルガの聖画や治癒した足を蝋型にしたものを納めた扉付奉納額。（聖ヴァルブルク修道院教会の墓所）。

ヴァルプルガがここに埋葬されてからというもの、墓からジワジワと水が流れ出したと言われています。それはとても少ない量だったけれども、痛む足の特効薬になったそうです。ヴァルプルガの墓は一階にありました。彼女は、立派な作りの祭壇の奥に安置されているのでしょうか。祭壇の下のほうに見える小さな穴のようなものから奇跡の水がしみ出しているのでしょうか。目を凝らしてもよくは見えませんでした。

この水はとても小さな瓶に入って「ヴァルプルガのオイル」として売店に置いてありました。私は売店の尼さんに「ヴァルブルガのお墓参りに日本からやってきました」と言ったところ、びっくりしたような顔をされ、一瓶プレゼントしてくれました。足が悪くなって旅に出られないようになったら使おうと思い、ありがたくいただきました。それから十三年後、瓶を取り出したら、オイルはすっかり蒸発していました。それで再びアイヒシュテットに行きました。今度は数本買い求めようとしたのです。ところが「このオイルは売り物ではないのですよ。でも一本差し上げましょう」と、またもプレゼントされました。帰ってきてから知人や友人にその話をし、足が悪くならないように、みんなで数滴ずつ足につけたので、小瓶は空になってしまいました。奇跡の水の効能があればいいなあと思っています。

*

納骨堂や教会に飾られている聖ヴァルプルガの絵や像は、黒い尼僧服を着て、聖書や杖を手にした美しいけれど威厳のある姿です。ヴァルブルガは、奇跡の水を生み出すことによって完全に崇拝の対象になっていました。

聖ヴァルプルガはとくに南ドイツで崇拝されています。ひょっとしたら南ドイツのどこかの山か森で五月一日の春迎えを心待ちにしていた人々が、その前夜を冬の魔退治の夜として「聖ヴァルプルガの夜」と言っていたということもあったのではないか。それがいつのまにかライン川を越えて、ハルツの地に定着して「ヴァルプルギスの夜」と言うようになったのではないかなど、勝手な想像をしながらの旅でした。

第5章

魔女ってどんな人？

魔女に薬草は付きもの？

そろそろ魔女街道の旅も終わりに近づきました。そこで、最後にこれまで触れなかった二つのテーマを取り上げたいと思います。現代では「魔女といえば薬草」というイメージが、かなり定着しているような気がします。つまり「魔女に薬草は付きもの？」というテーマが一つです。もう一つはこれも大いに関心を持たれていると思いますが、「魔女はいまもいるの？」というテーマです。

この二つのテーマをひっくるめて「魔女ってどんな人？」として、私の思うことをお伝えし、旅の締めくくりにしたいと思います。

＊

ハルツ山地の土産物屋で魔女グッズを探すのも楽しい時間です。私の集めたコレクションのなかには、鍋をかき回す魔女の置物がいくつかありますが、それらは二つのパターンに分けられます。一つは、恐ろしい顔をした魔女が何やら不気味なものの入った鍋をかき回しているもの。これは、毒草を使って人を殺める悪い魔女のイメージですね。もう一つはとてもやさしい顔をした女性が鍋をかき回しているもの。これは、病気に効く薬草で薬を作って人を助けるよい魔女のイメージでしょう。

でも、悪い魔女には恐ろしい薬草、よい魔女には身体に効くよい薬草というような単純な見方でいいのでしょうか。

＊

魔女はドイツ語で「ヘクセ（Hexe）」と言います。語源は諸説ありますが、「ハガツサ（hagazussa、垣根の上の魔的な女）」ではないかという説が有力です。垣根とは、異界と現実界との境のことです。古くから魔的なことは、通常の人間の理解を越えた不可思議な力として認識されていました。そういう不可思議な力を使うのが魔法使い（魔術師、妖術師）です。

魔法使いは、『旧約聖書』にも出てくる古い言葉です。魔法使いはよいこともするし、悪いこともします。一方、魔女という言葉が社会に登場するのは比較的遅く、中世になってからです。つまり、魔法を使う人と魔女とは異なるのです。前述しましたが、「魔女」は、社会的に作られた新しい概念と言ってもいいのです。だから、魔女の行う術は反社会的なものと決まっています。魔女というのは悪い魔女に決まっていて、よい魔女なんてありえなかったのです。これはグリム童話の魔女が、例外なく悪い魔女であることと呼応します。

ところで、日本語の「魔女」は外来語です。日本で最初に翻訳された「ヘクセ」の出てくる物語はグリム童話で、そこでは全員が女性だったので、魔女となったのだろうと思われますが、実際に迫害された「魔女」には、女性だけでなく男性も子どももいました。

前置きが長くなりましたが、ここでのテーマが「薬草と魔法使い」ではなく「薬草と魔女」であることから、少し遠回りをしました。

＊

薬草は、近代化学薬品ができるまでは薬品界の主役でした。その薬草を集めたり、栽培したりしていたのは、主に村落に住む女性でした。彼女たちの経験や知識は、とくに産婆（現在は助産師）の仕事に役立ちました。流産に気をつけなければならないときに飲む薬草、陣痛を促す薬草、産後の回復に効果のある薬草など、妊婦にとって産婆は頼りになる女性でした。ところが、十五世紀に出版された『魔女への鉄槌』には、「産婆は魔女以外の何物でもない」とか「生まれた子どもを殺して悪魔に捧げる」といった、まるで信じられないような産婆批判が書かれていました。この本は魔女がどういうものかを詳しく説明した本で、魔女裁判のマニュアル本のように使われ、広く流布しました。

＊

なぜ産婆が魔女のレッテルを貼られたのでしょうか。

キリスト教では、子どもが生まれたら、まず洗礼を受けさせなければなりません。これはとても大切なことでした。そうしないと天国に行けないからです。ただ、衛生状態の悪かった当時、生まれてすぐに亡くなる嬰児は多く、そうなると教会としては洗礼を授けることができません。それでは困るので、洗礼を授ける前に嬰児が亡くなると、「それは、魔女の産婆のせいだ」と言い立てたのです。

ところが、魔女裁判の記録には、産婆が魔女として捕らえられた事例はほとんどありませんでした。それはそうですよね。産婆は人々に重宝されていたのですから、魔女として告発されるなんてことはなかったでしょう。

また、人を呪ったり、殺したりするときに毒薬を使ったと疑われた例はありますが、薬草の知識があったから魔女として捕らえられた、という裁判記録もほとんどありません。それなら魔女と薬草はまったく関係がないのかというと、そうではありません。

＊

魔女迫害の激しかった時代、魔女は悪魔の情婦であり、空を飛んで悪魔のところまで会いに行くのだと信じられていました。そして、魔女として捕らえられた女性たちは、どうやって悪魔に会いに行ったのかと自白を強要されて、悪魔か、あるいは自分自身で作った軟膏を身体に塗って空を飛んでいったと自白しました。

ホウキに乗って空を飛ぶ魔女のイメージ絵も残されていますが、実際にはホウキは単なる乗り物であって、飛べる力は軟膏にありました。その軟膏は薬草から作られたというレシピも残されています。どんな薬草だったか興味がありますね。例えば、ヒヨス（ナス科）、ドクニンジン（セリ科）、ケシ（ケシ科）、ベラドンナ（ナス科）など毒成分の強いものが挙げられています。これらの毒は、浮遊感や幻覚などの症状を引き起こします。つまり、これらの薬草で作られた軟膏を身体に塗れば、トリップできるのです。

審問官に「軟膏を塗ったら空を飛べるようになったのだな。どんな軟膏だったのか。薬草を使ったのではないか」というような誘導尋問をされ、答えられなければ拷問を受けました。薬草についての知識があれば容易に答えられたでしょうし、それができない場合は、「悪魔にもらった」と答えました。「魔女が空を飛ぶ」

「軟膏を塗って飛ぶ魔女」トマス・エラストゥス
『魔女の力についての対話』（1579）より

というのは、魔女迫害の時代に作られた薬草がらみのフィクションだったのです。

薬草には強い毒成分を持つものがあります。悪意をもってそれを使えば、毒薬になりますし、正しい用い方をすれば効果のあるすばらしい薬にもなります。毒も匙加減です。薬草それ自体には善悪なんてありません。

*

やがて十八世紀も終わり頃になると、魔女迫害の流れも徐々に消えていきます。そして二十世紀には、薬草がよい意味で注目されるようになります。化学薬品の弊害が取り上げられるようになり、自然界の植物と人間との善き付き合いが重視されるようになりました。古代への見直し、自然への回帰とも言えるでしょう。

こうして、薬草を扱う女性たちがよい意味で「魔女」として名乗る活動がはじまりました。その流れをつくった最初の女性が、ドイツ人のガブリエレ・ビッケルさんでした。彼女は「薬草魔女」を名乗り、自身の薬草店で薬草講座や薬草ツアーを行っています。彼女の店はハイデルベルクの近く、マウルブロン修道院（ユネスコ

文化遺産）の中にあります。かつて魔女迫害の先頭に立っていたカトリックの修道院に、魔女と名乗る女性の店があるのです。これは面白いと思いました。

ビッケルさんの活動は広く雑誌やテレビで紹介されるようになりました。彼女の影響は大きく、その後、薬草魔女と名乗る女性たちが増えていきます。私はビッケルさんの薬草ツアーに二度参加したことがあります。参加者のほとんどが女性の薬剤師でした。また、抱えている悩みを訴え、心を鎮める薬草を教えてほしいと相談する女性たちもいました。ツアーでは、彼女のお店の裏手の山道を歩きます。彼女は道端の草を摘んでは、それがどのような治癒力があるのかを説明してくれます。

＊

かつて修道士たちは、外国から持ち帰った貴重な薬草を大切に栽培して薬を作りました。それと同時に、一般の人々は近くの野原に生える薬草を使って薬を作りました。こうして、薬剤師のような仕事も生まれていきました。

では、ビッケルさんがなぜ薬草魔女と名乗るようになったのか。それは、彼女の初めての薬草ツアーでのこと。参加した男性が、少しばかり高慢な口調で「あなたが『薬草魔女』なんですね」と言ったそうです。ビッケルさんはそれをきっかけに魔女の歴史を学び、積極的に魔女を受け入れ、薬草魔女と名乗るようになったということです。

この男性が、薬草を魔女と結び付けていたことに、私は考え込んでしまいました。私もかつて「薬草を扱う女が魔女にされた」というようなことを言ったり、書いたりしてきましたが、魔女迫害の時代にあっては、「魔女」と「薬草」はかならずしもそんなに強固に結びついていなかったことがわかったからです。

*

ビッケルさんの本が二〇〇二年に『薬草魔女のナチュラルライフ』(邦題)として初めて紹介されると、日本でも「薬草魔女」という言葉が目につくようになりました。もちろん日本にも薬草と魔女の結びつきを受け入れる素地はありました。『魔女の宅急便』(角野栄子、一九八五)のキキの母親は魔女で薬剤師でしたし、『西の魔女が死んだ』（梨木香歩、一九九四）では、まいの祖母はイギリス人で、自然のなかで生きる魔女でした。これらの本によって、薬草と魔女がポジティブに結びついて受け入れられるようになったのではないかと思います。それに、薬草魔女ってなんとなくすてきなイメージですものね。

あるとき、私はビッケルさんと同じように薬草ツアーをしているドイツ人の女性を紹介してもらう機会がありました。彼女は私を野原に連れていき、治癒力に優れた薬草をいろいろ教えてくれただけでなく、薬草をふんだんに使った料理を御馳走してくれました。お別れするとき、不躾かとは思いつつ、「あなたは薬草魔女（クロイターヘクセ）ですか」と尋ねたら、彼女は「いいえ、私は薬草摘みの女（クロイターフラオ）です」と答えました。私はなぜかホッとしました。薬草を摘むことに誇りを持っているように思えたからです。あまりに魔女と薬草にこだわりすぎると、気持ちが重くなります。彼女の姿が私の中でかつて森や野原で普通に薬草を摘み、それで病を治したり、おいしい料理を作ったであろう女たちの姿と重なって、心が軽くなったように感じたのです。

いまも魔女はいるの?

「本当の魔女はいまもいるのですか。いるならどんな魔女で、どこにいるのですか」と聞かれることがあります。

四月三十日にハルツ地方に行けば、たくさんの魔女に会えます。いまは日本でもハロウィンになればたくさんの魔女が姿を見せます。もちろんこれは冗談です。そうではなくて、本当に本物の魔女がいるのかどうか知りたいのだろうと思います。

しかし、「本物の魔女」がどういうものかはさておいても、「これが現代の魔女です」とひとくくりに答えることはできません。それは、現代にはあまりにも多様な魔女がいるからです。国や宗教や社会的立場の違い、あるいは表現媒体の違い、場合によっては個人の思想によっても、魔女は作られるのです。

タンザニア（東アフリカ）の人権団体の調査（二〇一二）によれば、二〇〇五年から二〇一一年の間に約三千人が魔術を使ったという理由で、魔女として殺害されたそうです。二〇一三年にはパプアニューギニアで、魔術を使ったとして若い女性が暴徒らに焼き殺されたというニュース（AP通信）が日本にも届きました。警察当局は「我々は二十一世紀に生きている。極悪非道で容認できない」と強く非難したそうです。かつての魔女妄信が現在も残っていて、実際に魔女を殺害している国があるのです。これもいまある魔女の姿です。

＊

一九五〇年代にイギリス人のジェラルド・ガードナーが、マン島（イギリス）に住む「魔女」からイニシエーションを受けて自ら魔女になり、古代の女神崇拝を復活させる新宗教「ウィッカ運動」をはじめました。この運動はアメリカに流れて多くの信者を得、いまも活動を行っています。これは宗教と結びついて誕生した新しい魔女です。

一九〇〇年に『オズの魔法使い』（フランク・ボーム）が空前のベストセラーになりました。一九九七年には『ハリー・ポッターと賢者の石』（J・K・ローリング）

が同じように大ベストセラーとなりました。ところがカトリック教会の立場は微妙でした。『オズの魔法使い』に出てくる北の魔女は「よい魔女」だったし、「ハリー・ポッター」シリーズには、魔法使いや魔女を育成する魔法学校があります。これらは教会筋には受け入れがたい部分でした。

『オズの魔法使い』は、一九三〇年代から約三十年間アメリカのパブリック図書館から排除され、ブラックリストに載っていたほどでした。「ハリー・ポッター」もアメリカの教会図書館から排除しようという動きがありましたが、それに反対した子どもたちがネットを使って全米の子どもたちと手を組み、阻止しました。北の魔女も魔法学校の魔女（あるいは魔法使い）も、宗教という立場からすると認められない「魔女」なのですが、宗教のタブーに縛られることのない多くの読者の心に負けたのです。胸躍らせる魔女の誕生です。

＊

映画界では相変わらずステレオタイプの邪悪な魔女が主流ですが、そうとばかりは言えない魔女も生まれています。「ルイスと不思議の時計」(二〇一九年、アメリカ)という児童向けのファンタジー映画があります。女主人公は、第二次世界大戦中、おそらくはユダヤ人と思われる夫と子どもを殺され、その辛さから回復できずに、大きな魔法が使えなくなってしまった魔女です。そして、彼女が戦う敵も、同じく戦争で受けた心の傷を癒すことができずに、悪魔に魂を預けて邪悪な魔法使いになった男性でした。彼らは明らかに現代の負の部分から生まれた魔女と魔法使いです。この設定が私にはとても面白かったのですが、日本ではあまり人気が高くなかったようで残念でした。

また、図書館の児童書コーナーを見ると、「なんとたくさんの魔女ものがあるのか」と感心します。そこには、勇敢で、元気で、ちょっとしたことにはめげず、時にはドジもするけど、身に備わった魔法で困難な局面を乗り越え、新しい世界を切り開いていく頼もしい魔女たちがいます。子どもたちはこういう魔女のファンになることでしょう。作者が描くファンタジーの世界で生まれたこうしたタイプの魔女が、現代では一番多いのではないでしょうか。

そして前述したような、薬草(自然)に囲まれて自然と共生することを選択した

「魔女」もいます。そういう魔女たちに共感し、心を癒される人がたくさんいます。新たに登場した現代の魔女です。なぜ、こんなにも多様な魔女が生まれてきたのでしょう。大きな理由の一つが、魔女迫害という負の歴史をきちんと受け止めて、そこから新しいものを作り出す、人々の前向きな努力と知恵だったのではないでしょうか。新しい価値観によって、魔女は自由な存在として生まれ変わったのです。

＊

長い歴史の中で、負の遺産を持たない国はありません。ドイツも例外なく大きな負の遺産を作ってきました。魔女迫害もその一つです。二十世紀中頃から、民間、あるいは公的会議の決定を経て、魔女迫害の犠牲者を鎮魂する碑が多く建てられるようになりました。二十世紀は過去の歴史を振り返る動きが大きくなった時代です。被害者として受け止められてきたかつての魔女が、それらを跳ね返す力を持った新しい魔女に変貌したのです。

これは二十世紀中頃のアメリカで生まれた女性解放（ウーマンリブ）の動きと繋

がっていたのではないかと思います。女性解放運動は、一九六三年にベティ・フリーダンというアメリカ人女性の書いた『女らしさの神話』(邦訳『新しい女性の創造』)という本がきっかけでした。白人中産階級の主婦たちの中に潜む不安の実態をえぐり出し、押し付けられた女らしさに埋没することを告発した本でした。この運動はまたたく間にヨーロッパへも広がっていきます。

女性解放運動には様々な問題がありましたが、過去の女性の歴史を振り返るという点では、大変大きな役目を果たしたと思います。たとえば、ドイツの尼僧ヒルデガルト・フォン・ビンゲン（ユリウス暦一〇九八—一一七九）を歴史の底から浮かび上がらせました。彼女の著作『フィジカ』(邦訳『聖ヒルデガルトの医学と自然学』）によって、薬草の治癒力が見直されるようになりました。その影響は大きく、ハーブの効能と使い方について記したこの書はハーブ専門家に注目され、一九六〇年代には「ヒルデガルト・ルネサンス」とも言われるブームが起こりました。ドイツ最後の魔女アンナ・マリア・シュヴェーゲリンの生涯が正しく掘り起こされたのも、一九九〇年のことでした。

＊

このような時代の流れのなかで、フィクションの魔女もずいぶん多様化しています。ドイツの児童文学作家オトフリート・プロイスラーの『小さな魔女』(一九五六)は、悪い魔女をやっつける勇敢な「よい魔女」が主人公です。『魔女の宅急便』のキキが空を飛ぶのは、悪魔の催す恐ろしいサバトに参加するためではなく、大人になるための武者修行、つまり自分探しのためでした。キキの生き方は、若い人に少なからず影響を与えたように思います。

また、これまで一方的に悪とされてきた魔女についての解釈も変わってきました。とくに「ヘンゼルとグレーテル」を魔女の視点から描くというパロディが多く生まれました。ドイツの作家パウル・マールの「悪いヘンゼルと悪いグレーテルと良い魔女」(一九六八)もその一つです。子どもの頃に「ヘンゼルとグレーテル」の魔女に対して割り切れない思いを抱いたのは私だけではなかったことがわかり、しかも、この作家が男性であったことにとてもうれしい思いをしました。

二十一世紀のいま、魔女はこのように様々な姿でその存在を主張しています。これから、さらに新しい魔女が生まれるかもしれません。魔女という言葉が死語となって、わずかに人の記憶に残るだけになるとは思えません。魔女というのはどうあっても人の心を強く惹きつける存在のようです。そう簡単に消えてなくなりはしないでしょう。

「私の魔女街道」の旅はこれで終わりますが、皆さまが新しい魔女のルートを開発して、魔女街道をより充実したものにしてくださることを願っています。

あとがき

本書の誕生は私にとって望外の喜びです。「ドイツ魔女街道」という言葉が初めて活字になったのは、一九九九年の『グリム童話の魔女たち――ドイツ魔女街道』（洋泉社）においてでした。そのときの魔女街道はまだ道半ばで、穴だらけでした。二〇〇一年の『ドイツ魔女街道を旅してみませんか?』（トラベルジャーナル）では、少しは街道らしくなりましたが、満足するにはほど遠い状態でした。以来なんとか魔女街道をより充実させ、多くの人に歩いてもらいたいと思い続けて、二十年が経ってしまいました。

その間、インターネットの普及により、私のようなアナログな人間にも情報の入手がしやすくなりました。魔女街道もだいぶ快適に歩けるようになりました。

そこで『ドイツ魔女街道を旅してみませんか?』の新版ができないものかと考えましたが、トラベルジャーナルは残念ながらすでに書籍部門を撤退させていました。それで、拙著『魔女の薬草箱』や『不思議な薬草箱』でお世話になった山と溪谷社の自然図書出版部部長の神谷有二さんに事情を話したところ、快く引き受けてくださることになりました。

二十年も経てば、実情も変わり、新しい情報も増えましたので、当初の魔女街道のルートやテーマは変わらなくても、それなりに新しいものを提示することができたと思っています。こうして渡した原稿ですが、それがこんな素敵な本になったのは、ひとえに編集を担当してくださった宇川静さん、白須賀奈菜さん、デザイナーのケルンさん、イラストレーターの山口洋佑さん、校閲の髙松夕佳さんのおかげです。心より感謝いたします。

二〇二〇年は新型コロナウイルスの世界的蔓延のため、一度もドイツへ行くことができませんでした。今年のヴァルプルギスの夜も日本で迎えることになりました。来年こそ思いきり魔女街道を歩き回りたいと願っています。

二〇二一年四月三十日

引用および参考とした主な文献

『魔女狩り』ジャン・ミシェル・サルマン著　池上俊一監修　富樫瓔子訳（創元社）
『カロリーナ刑事法典の研究』上口 裕著（成文堂）
『悪魔学大全』ロッセル・ホープ ロビンズ著　松田和也訳（青土社）
『世界文学全集ハイネ集　ハルツ紀行』ハインリヒ・ハイネ著　舟木重信訳（河出書房）
『ファウスト 悲劇第一部』ヨハン・ヴォルフガング・フォン・ゲーテ著　手塚富雄訳（中央公論社）
『森が語るドイツの歴史』カール・ハーゼル著　山縣光晶訳（築地書簡）
『グリムドイツ伝説集（上）』グリム兄弟著　桜沢正勝、鍛冶哲郎訳（人文書院）
『グリムドイツ伝説集（下）』グリム兄弟著　桜沢正勝、鍛冶哲郎訳（人文書院）
『ドイツ魔女街道を旅してみませんか？』西村佑子著（トラベルジャーナル）
『死の舞踏―中世末期から現代まで　デュッセルドルフ大学版画素描コレクションによる』エヴァ・シュースター、田辺幹之助編（国立西洋美術館）
『ドイツメルヘン街道　夢街道　グリム童話・伝説・魔女の町を歩く』西村佑子著（郁文堂）
『魔女の秘密展 公式図録』西村佑子監修（中日新聞社、東映）

Jakob Sprenger,Heinrich Institoris:Die Hexenhammer. dtv Klassik 1996
Hexen-Katalog zur Sonderausstellung. Museum für Völkerkunde Hamburg. 1979
Peter Haining:Hexen. Verlag Gerhard Stalling 1977
Hexenverfolgung in Franken. Deutschordensmuseum . Bad Megentheim. 1998
Ursula Vaupel:Hexenprozesse 1657 in Eschwege.
Verein für hessische Geschichte und Landeskunde e.V. 1999
Wolfgang Petz:Zweimal Kempten.Geschichte. Verlag Ernst Vögel München 1998
Werner Bernhagen:Wernigerode. Studio Volker Schadach. Wernigerode 1992
Gerd Borchert/Dr.Uwe Wegener:Der Brocken.Druck-und Verlagshaus GmbH Bad Lauterberg 1997
Roman Warnicke:Seine Majestät der Brocken. Heimat-Zeitschrift Wernigerode. 2005
Hans-Günter Griep:Goslar.Verlag Goslarsche Zeitung karl Krause
Die schönsten Brockensagen für Jung und Alt. Gesammelt von Rudolf Stolle. Schierke Andreasberg. 1994
Um die Walpurgisnacht.Zusammengetragen von Hans-Joachim Wiesenmüller. Quedlinburg
Dieter Kestermann:3000 Jahre Externsteine.Burkhart Weecke,Verlag und grafischer Betrieb
Der Totentanz von St.Marien in Berlin.Der Gemeindekirchenrat St.Marien und St.Nikolai
Der Totentanz：Marienkirche zu Lübeck
400 Jahre Füssener Totentanz:Museum der Stadt Füssen
Heinrich Weigel: Zur Geschichte der Hörselberge. Eisenach 1988
Johannes Praetorius:Blockes-Berges Verrichtung.Faximile der Originalausgabe aus dem Jahre 1669. Edeition Leipzig 1968
St.Bonifatius Leben und Werken. Herausgegeben vom Bistum Fulda. 1983
Werner Kugler:Münster Heidenheim. Verlag Schnell & Seiner GmbH München.
St.Walburg Eichstätt: Verlag Schnell & Seiner GmbH Regensburg.
Heilige Walburga. Ausstellung des Diözesanmuseums Eichatätt: Diözesanmuseum Eichstätt.2000

著者

西村佑子（にしむら・ゆうこ）

早稲田大学大学院修士課程修了。青山学院大学や成蹊大学、東海大学のドイツ語講師を経て、現在はNHK文化センター柏・千葉教室講師。これまでに「グリム童話の魔女たち」（栃木県石橋町グリムの館）の企画・監修やドイツ魔女街道ツアーの同行講師、薬草専門誌に連載記事を掲載するなど、ドイツの魔女と薬草に関わってきた。2015年には「魔女の秘密展」（東映、中日新聞社企画）の監修も務めた。著書にヤマケイ文庫『魔女の薬草箱』、『不思議な薬草箱』（ともに山と溪谷社）、『魔女学校の教科書』（静山社）など。

＊本書は2001年に刊行された『ドイツ魔女街道を旅してみませんか？』（トラベルジャーナル）の内容を大幅に加筆修正し、書き下ろしを加え再編集したものです。

写真提供　西村佑子
装丁画・挿絵　山口洋佑
装丁・デザイン　宮本麻耶　柴田裕介　岩﨑紀子（ケルン）
校閲　髙松夕佳
編集　宇川静　白須賀奈菜（山と溪谷社）

魔女街道の旅

二〇二一年四月三〇日　初版第一刷発行

著者　西村佑子
発行人　川崎深雪
発行所　株式会社 山と溪谷社
〒一〇一-〇〇五一
東京都千代田区神田神保町一丁目一〇五番地
https://www.yamakei.co.jp/

印刷・製本　株式会社光邦

◎乱丁・落丁のお問合せ先
山と溪谷社自動応答サービス　電話〇三-六八三七-五〇一八
受付時間／十時～十二時、十三時～十七時三〇分（土日、祝日を除く）
◎内容に関するお問合せ先
山と溪谷社　電話〇三-六七四四-一九〇〇（代表）
◎書店・取次様からのお問合せ先
山と溪谷社受注センター　電話〇三-六七四四-一九一九
ファックス〇三-六七四四-一九二七

ISBN978-4-635-81019-7